GÜNTHER HEGER

# Johann Eberlin von Günzburg und seine Vorstellungen über eine Reform in Reich und Kirche

Schriften zur Rechtsgeschichte

Heft 35

# Johann Eberlin von Günzburg und seine Vorstellungen über eine Reform in Reich und Kirche

Von

**Dr. Günther Heger**

DUNCKER & HUMBLOT / BERLIN

CIP-Kurztitelaufnahme der Deutschen Bibliothek

**Heger, Günther:**
Johann Eberlin von Günzburg und seine Vorstellungen
über eine Reform in Reich und Kirche /
von Günther Heger. —
Berlin: Duncker und Humblot, 1985.
(Schriften zur Rechtsgeschichte; H. 35)
ISBN 3-428-05818-6

NE: GT


Satz: Klaus-Dieter Voigt, Berlin 61 · Druck: Bruno Luck, Berlin 65
Printed in Germany
ISBN 3-428-05818-6

## Vorwort

All denen, die mir bei der Fertigstellung der vorliegenden Arbeit geholfen haben, möchte ich an dieser Stelle herzlich danken.

Mein besonderer Dank gilt Herrn Professor Dr. Dr. h. c. Adolf Laufs für die Anregung zu diesem Thema und für die hilfreiche Betreuung der Arbeit.

*Günther Heger*

# Inhaltsverzeichnis

# Abkürzungsverzeichnis

| | |
|---|---|
| a. A. | anderer Ansicht |
| a.a.O. | am angegebenen Ort |
| Abt. | Abteilung |
| AHV Unterfr. u. Aschaffbg. | Archiv des Historischen Vereins von Unterfranken und Aschaffenburg |
| AKG | Archiv für Kulturgeschichte |
| ARG | Archiv für Reformationsgeschichte |
| BBG | Blätter für das Bayerische Gymnasialschulwesen |
| BbKG | Beiträge zur bayerischen Kirchengeschichte |
| Bd. (Bde.) | Band (Bände) |
| cap. | capitel |
| ChH | Church History |
| Conc. cath. | Concordantia catholica |
| DGBl. | Deutsche Geschichtsblätter |
| Enders Neudrucke | Sämtliche Flugschriften Johann Eberlins von Günzburg, hg. von Ludwig Enders |
| GgA | Göttingische gelehrte Anzeigen |
| Grav. | Gravamen (Gravamina) |
| Hg. (hg.) | Herausgeber (herausgegeben) |
| HJb | Historisches Jahrbuch |
| HVj | Historische Vierteljahresschrift |
| HZ | Historische Zeitschrift |
| Jhdt. | Jahrhundert |
| JUG | Jahrbuch für Universalgeschichte |
| JuS | Juristische Schulung |
| Luthers Werke (WA) | D. Luthers Werke (Weimarer Ausgabe) |

| | |
|---|---|
| MFdCG | Mitteilungen und Forschungsbeiträge der Cusanus-Gesellschaft |
| MGH | Monumenta Germaniae Historica |
| MIÖG | Mitteilungen des Instituts für österreichische Geschichtsforschung |
| NSdRA | Neue und vollständigere Sammlung der Reichs-Abschiede |
| OR | Oberrheinischer Revolutionär |
| Phil. Diss. | Philosophische Dissertation |
| RA | Reichsabschied |
| RS | Reformatio Sigismundi |
| RTA (JR) | Deutsche Reichstagsakten (Jüngere Reihe) |
| SchwBAG | Schweizer Beiträge zur Allgemeinen Geschichte |
| StA | Staatsarchiv |
| stat. | statut |
| SVRG | Schriften des Vereins für Reformationsgeschichte |
| TLBl. | Theologisches Literaturblatt |
| vgl. | vergleiche |
| WdF | Wege der Forschung |
| WZHUB | Wissenschaftliche Zeitschrift der Humboldt-Universität Berlin, Gesellschafts- und sprachwissenschaftliche Reihe |
| ZbKG | Zeitschrift für bayerische Kirchengeschichte |
| ZdPh | Zeitschrift für deutsche Philologie |
| ZfB | Zentralblatt für Bibliothekswesen |
| ZGORh | Zeitschrift für die Geschichte des Oberrheins |
| ZHVSt | Zeitschrift des Historischen Vereins für Steiermark |
| ZRG (GA/KA) | Zeitschrift der Savignystiftung für Rechtsgeschichte (Germanistische/Kanonistische Abteilung) |

# A. Das Leben Eberlins

## I. Die Zeit von 1460 bis 1521

Über den größten Zeitabschnitt aus dem Leben Johann Eberlins von Günzburg ist nur wenig bekannt. Erst als Sechzigjähriger erfährt er den großen Umschwung, der ihn, den Franziskanermönch, mit seinem Orden brechen und zum begeisterten Anhänger Luthers und der Reformation werden läßt. Seine nachfolgende Tätigkeit als Volksprediger und Verfasser einer Reihe von Flugschriften, in denen er die offenkundigen Mißstände in Reich und Kirche anprangert, haben ihn bis heute vor der Vergessenheit bewahrt.

Seine Geburt wird allgemein für die Zeit um 1470, frühestens aber für das Jahr 1465 angenommen[1]. Grundlage dieser Annahme sind zwei Einträge in der Matrikel der Universität Basel. Im Jahr 1489 wird Eberlin darin als Student aufgeführt mit dem Vermerk „presbyter Augustensis dyocesis". In einer weiteren Eintragung vom 15. September 1490 wird er als Johannes Eberly de Gyntzburg Ingelstattensis bezeichnet und als Mitglied des consortium Baccalaureorum der Philosophischen Fakultät ausgewiesen. Im selben Jahr noch erwirbt er den Grad eines Magisters der freien Künste[2].

Bereits aufgrund des Hinweises auf Ingolstadt in der Basler Universitätsmatrikel wurde auf ein vorangegangenes Studium Eberlins in Ingolstadt geschlossen, ohne daß dies zunächst durch einen entsprechenden Matrikeleintrag der Universität Ingolstadt belegt werden konnte[3].

Johann Eberlin nennt sich zwar, insoweit dem damaligen Brauch folgend, nach dem der Name des Herkunftsorts an den eigenen Namen angehängt wurde, immer „von Günzburg". Sein tatsächlicher Geburtsort ist aber das etwa 6 km südlich von Günzburg gelegene und damals zu

---

[1] Fritz Kobe, Die Reformation in der Grafschaft Wertheim, S. 21. Wilhelm Lucke, Die Entstehung der „15 Bundesgenossen" des Johann Eberlin von Günzburg, S. 9. Julius Werner, Johann Eberlin von Günzburg, S. 8.

[2] Hans G. Wackernagel, Die Matrikel der Universität Basel, Bd. I, S. 209 Nr. 24. Max Radlkofer, Johann Eberlin von Günzburg und sein Vetter Hans Jakob Wehe von Leipheim, S. 1.

[3] Wilhelm Lucke, Die Entstehung der „15 Bundesgenossen" des Johann Eberlin von Günzburg, S. 10. Max Radlkofer, Johann Eberlin von Günzburg und sein Vetter Hans Jakob Wehe von Leipheim, S. 2.

der österreichischen Markgrafschaft Burgau gehörende Dorf Kleinkötz[4]. Entsprechend weist ihn die Matrikel der Universität Ingolstadt in einem Eintrag aus dem Jahr 1473 — ebenso wie die Freiburger Universitätsmatrikel aus dem Jahr 1493 — als Johann Eberlin von Kleinkötz aus[5]. Bei einem danach feststehenden Studienbeginn im Jahr 1473 muß seine Geburt aber bereits für die Zeit um 1460 angenommen werden.

Über seine Familie und seine Jugend fehlen nähere Angaben. Nur andeutungsweise erwähnt Eberlin selbst, er sei seit seiner Kindheit durch viel Leiden und Trübsal geführt worden[6]. Ebenso berichtet er nur kurz von dem Stadtschreiber Mathias Sigk von Lauingen und dem Pfarrer Johann Jakob Wehe von Leipheim, die er als seine Vettern bezeichnet[7].

Der Grund, warum Eberlin sein Studium in Ingolstadt abbrach, um es erst im Jahr 1489 in Basel wieder aufzunehmen, liegt ebenso im dunkeln wie seine Tätigkeit in der Zwischenzeit. Die auf die Bezeichnung Eberlins als „presbyter Augustensis dyocesis" in der Basler Universitätsmatrikel gestützte Annahme, Eberlin sei nach seinem Weggang von Ingolstadt Priester in der Diözese Augsburg gewesen, läßt sich nicht weiter belegen[8]. Auch die Dauer des weiteren Aufenthalts in Basel nach der Erlangung des Magistergrads im Jahr 1490 ist nicht bekannt.

Bereits 1493 befindet er sich in Freiburg, wie die oben erwähnte Freiburger Universitätsmatrikel ausweist. Dieser Matrikeleintrag bestätigt Radlkofers Vermutung, Eberlin könne nicht vor 1493 in den

[4] Kleinkötz gehörte zu der Günzburger Pfarrei St. Martin, vgl. Paul Auer, Geschichte der Stadt Günzburg, S. 39, 41 - 46. In seiner Schrift „Mich wundert das kein gelt ihm land ist", in: Enders Neudrucke, Bd. III, S. 169, erwähnt Eberlin selbst, daß er in Günzburg getauft worden ist.

[5] Susan Groag Bell, Johan Eberlin von Günzburg's Wolfaria. The first Protestant utopia, in: ChH, 36. Bd. (1967), S. 123. Götz Frhr. von Pölnitz, Die Matrikel der Ludwig-Maximilians-Universität Ingolstadt - Landshut - München, Teil I, Bd. I, S. 43, Zeile 36/37 und S. 1405: „Johannes Eberlein de Kötz minori". Hermann Mayer, Die Matrikel der Universität Freiburg i. Br. 1460 - 1656, Bd. I, S. 110 Nr. 45: „Mgr. Johannes Eberlein de Kleinenkez Augustens. dioc.".

[6] Ein getrewe warnung an die Christen, in der Burgawischen marck, in: Enders Neudrucke, Bd. III, S. 259.

[7] Vō misbrauch Christlicher freyheyt, in: Enders Neudrucke, Bd. II, S. 40. Wie sich eyn diener Gottes wortts ynn all seynem thun halten soll, in: Enders Neudrucke, Bd. III, S. 184. Aus dem Zusammenhang ist zu entnehmen, daß es sich bei Mathias Sigk um Eberlins Onkel handeln muß, vgl. Max Radlkofer, Johann Eberlin von Günzburg und sein Vetter Hans Jakob Wehe von Leipheim, S. 2.

[8] Theodor Kolde, in: Realencyklopädie für protestantische Theologie und Kirche, Bd. V, S. 122. Ernst Wolf, in: Neue Deutsche Biographie, Bd. IV, S. 247.

Franziskanerorden eingetreten sein[9]. Eberlin selbst berichtet darüber, daß er sich auf Anraten des Heilbronner Predigers Dr. Johann Kröner von Scherdingen der strengen Richtung dieses Ordens, den Observanten, angeschlossen habe. Diese Werbung ist für Eberlin der Grund, später zwar spöttisch, doch mit einem bitteren Unterton auf die entsprechende Ordensregel hinzuweisen: „wer nitt môchtt in disen orden kommen, der helffe anderen dareyn“[10].

Von da an verliert sich Eberlins Spur wieder für mehr als zwei Jahrzehnte. Aus Hinweisen in seinen Schriften ist zu entnehmen, daß er das Elsaß, vor allem Straßburg und seine Umgebung, von einem längeren Aufenthalt oder wiederholten Reisen kannte[11].

Im Jahr 1519 ist er ordentlicher Prediger im Franziskanerkloster in Tübingen. Hier erscheint er bereits als gewandter und wortgewaltiger Volksprediger, der es versteht, seine Zuhörer in den Bann zu ziehen und mitzureißen. Auch auf seinen Reisen in die benachbarten Orte, so nach Rottenburg und Horb, hat er als beliebter Gastprediger großen Zulauf, was ihm nach seinem eigenen Eingeständnis in einer späteren Flugschrift durchaus gefallen hat[12]. Wenn er sich auch schon in seiner Tübinger Zeit gegen Mißstände im Klosterwesen wendet, so läßt er doch auf seinen Orden nichts kommen. Für ihn ist er unermüdlich tätig, wirbt für den Eintritt in den Orden, lobt seine Regeln, an die er sich selbst streng hält, agitiert mit Eifer und verteidigt ihn gegen alle Angriffe seiner Gegner.

Vermutlich hat Eberlin neben seiner Predigertätigkeit auch das Amt eines Beichtvaters in den Nonnenklöstern in der Nähe Tübingens versehen, wie er dies später wohl auch von Ulm aus getan hat. Darauf lassen die aus seinen Schriften sprechende Vertrautheit mit dem Leben und den Problemen der Klosterfrauen und auch der Hinweis schließen, daß er das Beginenhaus von Herrenberg gegen die Stuttgarter Kanzlei des Herzogs Ulrich von Württemberg vertreten habe[13].

---

[9] Max Radlkofer, Johann Eberlin von Günzburg und sein Vetter Hans Jakob Wehe von Leipheim, S. 3.

[10] Wider die falschscheynende gaystlichen vnder dem Christlichñ hauffen, in: Enders Neudrucke, Bd. III, S. 46.

[11] Der .VIII. bundts gnoß, in: Enders Neudrucke, Bd. I, S. 83. Der .XIIII. bundtgnoß, in: Enders Neudrucke, Bd. I, S. 160. Mich wundert das kein gelt ihm land ist, in: Enders Neudrucke, Bd. III, S. 160, 181. Wilhelm Lucke, Die Entstehung der „15 Bundesgenossen“ des Johann Eberlin von Günzburg, S. 9, 10. Curt Wulkau, Das kirchliche Ideal des Johann Eberlin von Günzburg, S. 11.

[12] Wider die falschscheynende gaystlichen vnder dem Christlichñ hauffen, in: Enders Neudrucke, Bd. III, S. 67 - 69. Syben frum̄ aber trostloß pfaffen klagen ire not, in: Enders Neudrucke, Bd. II, S. 70, 71. Max Radlkofer, Johann Eberlin von Günzburg und sein Vetter Hans Jakob Wehe von Leipheim, S. 5, 133.

[13] Wider den vnfürsichtigen vnbeschayden außganng viler der Klosterleüt,

Bei Eberlins weitgespanntem Tätigkeitsbereich und infolge seines kämpferischen Einsatzes für seine Ordensaufgaben ist es nicht verwunderlich, daß er sich neben Anerkennung auch Feindschaft einhandelte. So legt er sich in einer im Advent des Jahres 1519 gehaltenen Predigt zum Lob der Franziskanerregel und der danach lebenden Nonnen des Klosters Eutingen bei Horb mit dem dortigen kaiserlichen Vogt an[14]. Auch mit mehreren Theologen der Universität Tübingen gerät er über theologische Meinungsverschiedenheiten in Streit. Schließlich wird Eberlin — wahrscheinlich noch im Jahr 1519 — von Tübingen abberufen[15].

Den Anlaß dazu mögen die Vorgänge in Tübingen geboten haben, obgleich — worauf Lucke zu Recht hinweist — gerade im Franziskanerorden der Stellen- und Klosterwechsel sehr häufig gewesen ist. Eine Strafe kann die Versetzung für Eberlin jedenfalls nicht bedeutet haben, da sie sein Ansehen in keiner Weise beeinträchtigte und er auch in der Folgezeit für seinen Orden an hervorragender Stelle tätig war[16].

Mit Gewißheit läßt sich Eberlins weiterer Verbleib erst wieder für Anfang 1521 — und zwar für seine Zugehörigkeit zum Ulmer Franziskanerkloster — belegen[17]. Einem Schreiben des Basler Franziskanerguardians Konrad Pellikan an Luther vom 16. März 1520[18] ist zu entnehmen, daß Eberlin von Tübingen direkt nach Ulm versetzt worden und von da aus im Jahr 1520 kurze Zeit nach Freiburg gekommen ist, um Ordensbrüder zu unterrichten. In dieser Zeit unterhält Eberlin bereits enge Verbindungen zu dem Basler Humanistenkreis und zu Anhängern Luthers unter den Franziskanern in Basel[19].

---

in: Enders Neudrucke, Bd. II, S. 121, 136. Wider die falschscheynende gaystlichen vnder dem Christlichn̄ hauffen, in: Enders Neudrucke, Bd. III, S. 72. Wilhelm Lucke, Die Entstehung der „15 Bundesgenossen" des Johann Eberlin von Günzburg, S. 11, 12. Curt Wulkau, Das kirchliche Ideal des Johann Eberlin von Günzburg, S. 11.

[14] Syben frum̄ aber trostloß pfaffen klagen ire not, in: Enders Neudrucke, Bd. II, S. 70. Max Radlkofer, Johann Eberlin von Günzburg und sein Vetter Hans Jakob Wehe von Leipheim, S. 5, 6.

[15] Syben frum̄ aber trostloß pfaffen klagen ire not, in: Enders Neudrucke, Bd. II, S. 70. Wilhelm Lucke, Die Entstehung der „15 Bundesgenossen" des Johann Eberlin von Günzburg, S. 12. Curt Wulkau, Das kirchliche Ideal des Johann Eberlin von Günzburg, S. 11.

[16] Wilhelm Lucke, Die Entstehung der „15 Bundesgenossen" des Johann Eberlin von Günzburg, S. 9, 12. Max Radlkofer, Johann Eberlin von Günzburg und sein Vetter Hans Jakob Wehe von Leipheim, S. 7.

[17] Die ander getrew vermanung Johannis Eberlin vonn Gůntzburg, in: Enders Neudrucke, Bd. III, S. 2.

[18] Ernst L. Enders, Dr. Martin Luther's Briefwechsel, Bd. II, Nr. 285, S. 355; „Alius doctissimus theologiae professor dudum Tubingae, nunc Friburgi fratres instituens, Joannes Ulmensis, parvulus corpore, ingenio amplissimo, optimus religiosus et ipse Melanchtoni notissimus." Max Radlkofer, Johann Eberlin von Günzburg und sein Vetter Hans Jakob Wehe von Leipheim, S. 8.

[19] Rudolf Wackernagel, Geschichte der Stadt Basel, Bd. III, S. 320 - 322.

In Basel hatte sich um Beatus Rhenanus eine Gruppe gelehrter Humanisten zusammengefunden, die religiösen Neuerungen aufgeschlossen gegenüberstanden[20]. Auch die kirchlichen Verhältnisse waren reformatorischem Gedankengut günstig. An der Spitze der Basler Diözese stand der liberale Bischof Christoph von Utenheim. Mit dem Abt des dortigen Franziskanerklosters, Konrad Pellikan, einem Freund Luthers, hatten die sich ausbreitenden Ideen einer Reformierung der Kirche einen eifrigen Anhänger und einflußreichen Förderer. Angesehene Franziskaner seines Klosters, vor allem der Prediger Luthard und Sebastian Münster, traten offen für eine Reformation im Sinne Luthers ein[21].

Seine Verbindung zu diesem Humanisten- und Reformerkreis kann es durchaus mit sich gebracht haben, daß sich Eberlin im Jahr 1520 zeitweise in Basel aufgehalten hat. Unwahrscheinlich ist aber, daß er in dieser Zeit als Stellvertreter Pellikans dem Basler Franziskanerkloster angehört haben könnte. Zwar wird Eberlin in einem Schreiben des angesehenen Basler Bürgers Basilius Amerbach vom 22. Juni 1523[22] wie folgt erwähnt: „Joannes Eberlin, vice guardianus nostri Pellicani Joannes Kriess, meister Peter gschrifftschnider filius, in festo paschatis habitum abiecerunt." Zu Unrecht hat jedoch Lucke[23] die Bezeichnung „vice guardianus nostri Pellicani" als nachgestellte Präposition zu Eberlins Namen aufgefaßt, während sie sich auf den ebenfalls erwähnten Johann Kreis bezieht, der die Stellung des Vizeguardians unter Konrad Pellikan tatsächlich innegehabt hat und der sich bei einer im Jahr 1523 durchgeführten Visitation des Franziskanerklosters Basel vor dem Ordensprovinzial Caspar Satzger wegen des Vorwurfs, Lutheraner zu sein und lutherische Schriften zu verbreiten, zu verantworten hatte[24].

Nach seiner Rückkehr von Freiburg predigt Eberlin in Ulm zu Anfang des Jahres 1521 noch kurze Zeit in altgewohnter Weise ganz im Sinne seiner Kirche und seines Ordens. Äußerlich wird der Bruch sichtbar, als Eberlin im Verlauf der Predigten zur Fastenzeit 1521 für die von Luther geforderte Kirchenreform Partei ergreift[25]. Der Entschluß dazu

---

[20] Hans-Herbert Ahrens, Die religiösen, nationalen und sozialen Gedanken Johann Eberlin von Günzburgs, S. 12.

[21] Brigitte Degler-Spengler, Das Klarissenkloster Gnadental in Basel 1289 - 1529, S. 80. Rudolf Wackernagel, Humanismus und Reformation in Basel, S. 320.

[22] Alfred Hartmann, Die Amerbachkorrespondenz, Bd. II, S. 433.

[23] Wilhelm Lucke, Die Entstehung der „15 Bundesgenossen" des Johann Eberlin von Günzburg, S. 15.

[24] Brigitte Degler-Spengler, Das Klarissenkloster Gnadental in Basel 1289 - 1529, S. 80. Rudolf Wackernagel, Geschichte der Stadt Basel, Bd. III, S. 352.

[25] Die ander getrew vermanung Johannis Eberlin vonn Gůntzburg, in: Enders Neudrucke, Bd. III, S. 2. Schreiben des Nuntius Aleander vom 15./16. März 1521 an den Vizekanzler Medici, in: Theodor Brieger, Quellen und For-

wird seit dem Anstoß durch das Bekanntwerden mit Luthers Reformvorstellungen während seines Aufenthalts in Freiburg langsam gereift sein. In seinem zweiten Bericht an die Ulmer[26] schreibt Eberlin, erst allmählich habe er durch das Studium der Schriften Luthers seine ursprüngliche Unwissenheit und die Furcht, die erkannte Wahrheit öffentlich zu predigen, überwunden. Berücksichtigt man seine Bildung, seine lange Erfahrung als Prediger und seine angesehene Stellung im Orden, erscheint es unwahrscheinlich, daß Eberlin als Sechzigjähriger aufgrund einer schnell gefaßten Entscheidung mit seinem ganzen bisherigen Leben plötzlich gebrochen haben könnte. Auch der Beifall der evangelischen Gesinnten in Ulm dürfte ihn nicht, wie Radlkofer annimmt[27], „zu immer kühnerem Auftreten verleitet" haben.

Er als strenger Observant kannte die Konsequenzen seines Verhaltens zu genau, um leichtfertig zu handeln. Es entspricht auch vielmehr seinem bisherigen Lebensweg, daß er sich erst nach innerem Zweifeln und sorgfältigem Prüfen zu seiner Erkenntnis durchringen, dann aber auch danach handeln mußte. Leicht wird ihm der Entschluß nicht gefallen sein. Doch mit dem Eifer des Neubekehrten tritt er — ohne Rücksicht auf die Folgen für seine Person — für die Reformation im Sinne Luthers ein. Damit trifft er die Kirche in einem für sie kritischen Moment. Vielfältig verflochten in weltlichen Herrschaftsstrukturen und gefangen in eigenen machtpolitischen Ambitionen, war die Kirche seit langem in ihrem hierarchischen Aufbau und einer veräußerlichten Glaubensdogmatik erstarrt. Unfähig, sich weder von innen selbst zu erneuern noch von außen kommende Reformideen zu integrieren, sieht sie sich zu Beginn der Reformation der gefährlichsten Herausforderung seit Huß gegenüber.

Die offenkundigen Mißbräuche wie Simonie, Streitigkeiten bei der Besetzung der Stifte, Ablaßhandel und der sittliche Verfall einer verweltlichten Geistlichkeit waren nicht mehr nur Gegenstand einzelner kritischer Schriften, sondern hatten sich im Bewußtsein des Volkes festgesetzt[28]. Zudem hatte vor allem die Transferierung aller möglicher Arten von Kirchengeldern an den päpstlichen Hof, aber auch die Verschleppung von Prozessen an die Rota, den päpstlichen Gerichts-

---

schungen zur Geschichte der Reformation, Bd. I, S. 106, 107 (ital.), und Paul Kalkoff, Die Depeschen des Nuntius Aleander vom Wormser Reichstag 1521, S. 99 (deutsche Übersetzung).

[26] Die ander getrew vermanung Johannis Eberlin vonn Gůntzburg, in: Enders Neudrucke, Bd. III, S. 2.

[27] Max Radlkofer, Johann Eberlin von Günzburg und sein Vetter Hans Jakob Wehe von Leipheim, S. 9.

[28] Walther P. Fuchs, Das Zeitalter der Reformation, S. 29. Willy Andreas, Deutschland vor der Reformation, S. 65 - 70, 133. Joseph Lortz, Die Reformation in Deutschland, Bd. I, S. 243, 244.

hof in Rom, das aufkeimende Nationalgefühl geweckt und zu einer allgemeinen Romfeindlichkeit geführt.

In die Mißstimmung einer religiös verunsicherten und durch wirtschaftliche und soziale Umwälzungen beunruhigten Bevölkerung schlagen Luthers Reformforderungen ein, finden Widerhall und breiten sich gefährlich schnell aus[29]. Das Entstehen einer Nationalkirche im deutschen Kernland des Reiches erscheint möglich. Für die alte Kirche ist es zu Beginn des Jahres 1521 höchste Zeit zu handeln. Ihr Hauptangriff gilt Luther als dem Urheber dieser Bewegung. Sein Auftritt vor dem Reichstag in Worms im April 1521, wo er zum Widerruf seiner Thesen gezwungen werden soll, steht kurz bevor.

Auch im Fall Eberlins reagieren seine Kirchenoberen schnell. Bereits Mitte März 1521 berichtet der speziell mit der Angelegenheit Luthers betraute Abgesandte der Kurie, Nuntius Aleander, vom Wormser Reichstag an den päpstlichen Vizekanzler Giulio de Medici nach Florenz, daß er mit Hilfe des kaiserlichen Beichtvaters Glapion dem Unwesen des Ulmer Franziskaners, wie er Eberlin bezeichnet, steuern wolle[30]. Dennoch zieht sich das Vorgehen gegen Eberlin bis Ende Juni 1521 hin. Zugunsten Eberlins wirken dabei zwei Umstände: Zum einen hat die Reformation in Ulm bereits soweit Fuß gefaßt, daß sich Rat und Bürgerschaft offen auf die Seite Eberlins stellen[31]. Zum anderen erscheint die Haltung des neugewählten Kaisers Karl V. gegenüber den drängenden Problemen in Reich und Kirche zunächst noch ungewiß. Denkbar ist, daß er sich selbst an die Spitze einer deutschen, im wesentlichen gegen Rom gerichteten Reformbewegung stellen könnte[32].

Auch Eberlin verspricht sich von ihm in der Einleitung zu seinen „Fünfzehn Bundesgenossen" die Abstellung kirchlicher Mißbräuche und eine Parteinahme zugunsten Luthers. Er fordert ihn auf, dem Papst jede Einflußmöglichkeit auf die Reichsangelegenheiten zu nehmen[33]. Doch die Hoffnung auf die Hilfe des Kaisers erweist sich als Fehlschlag. Es zeigt sich, daß die Erwartungen, die vor allem nationalgesinnte hu-

---

[29] Zu dem Massenphänomen einer aus religiöser Existenzangst und politischer wie sozialer Gärung gespeisten allgemeinen Unruhe, die durch Hungersnöte, Teuerungen und Naturkatastrophen verstärkt wurde, vgl. Willy Andreas, Deutschland vor der Reformation, S. 179, 180.

[30] Theodor Brieger, Quellen und Forschungen zur Geschichte der Reformation, Bd. I, S. 106. Paul Kalkoff, Die Depeschen des Nuntius Aleander vom Wormser Reichstag 1521, S. 99.

[31] Ain kurtzer gschrifftlicher bericht, in: Enders Neudrucke, Bd. II, S. 173. Die ander getrew vermanung Johannis Eberlin vonn Gůntzburg, in: Enders Neudrucke, Bd. III, S. 2, 39.

[32] Der Begriff der Reform ist, wie noch im einzelnen auszuführen sein wird, in seinem ursprünglichen Sinn als wirkliche „reformatio", als Wiederherstellung der guten alten Ordnung zu verstehen.

[33] Der erst bůdtsgnosz, in: Enders Neudrucke, Bd. I, S. 8, 12, 13.

manistische Kreise um Ulrich von Hutten mit der Wahl Karls V. verbunden hatten, von vornherein unbegründet waren[34].

Aufgewachsen in den Niederlanden und geprägt vom romanisch-burgundischen Kulturkreis, steht der junge Kaiser den deutschen Verhältnissen innerlich fremd und der reformatorischen Bewegung mit entschiedener Ablehnung gegenüber. Seine eigene religiöse Gesinnung und die aus mittelalterlichen Anschauungen überkommene Idee eines universalen Kaisertums in enger Verbindung mit der Kirche lassen eine Parteinahme gegen den Papst nicht zu. Außerdem kann der Kaiser auf die einheitliche Kirche als Klammer seines vielgliedrigen, nur durch dynastische Bindungen zusammengehaltenen Weltreichs nicht verzichten[35].

Wenn sich Karl V. auf dem Reichstag zu Worms dennoch zwiespältig und abwartend verhält, so geschieht dies vor allem aus Rücksicht auf die deutschen Fürsten, die sich einer Ächtung Luthers durch den Kaiser allein aufgrund des Kirchenbanns widersetzen[36]. Zudem läßt sich die Luthersache vorübergehend als Druckmittel gegen den Papst verwenden, dessen Bündnis Karl V. in dem sich abzeichnenden Krieg gegen Frankreich sucht[37]. Sobald jedoch durch die Einigung in den eigentlichen Reichstagsangelegenheiten — insbesondere in der Frage der Einrichtung eines Reichsregiments und des Reichskammergerichts und der Hilfe für den Romzug Karls V. — mit den Reichsständen ein vorläufiger Interessenausgleich im Reich erzielt worden ist, hat der Kaiser freie Hand für die Regelung der streitigen Religionssache in seinem Sinn[38]. Von wesentlicher Bedeutung in diesem Zusammenhang ist, daß einerseits Luther auf dem Reichstag selbst einen nur teilweisen Widerruf seiner Lehren verweigert und daß andererseits die Verhandlungen mit dem Papst schließlich zu dem angestrebten Bündnis führen[39].

[34] Hermann Baumgarten, Geschichte Karls V., Bd. I, S. 342. Hajo Holborn, Ulrich von Hutten, S. 104, 105. Gerhard Ritter, Die Weltwirkung der Reformation, S. 105, 111. Fritz Walser, Die politische Entwicklung Ulrichs von Hutten während der Entscheidungsjahre der Reformation, S. 16, 17.

[35] Karl Brandi, Kaiser Karl V., S. 11, 108. Erich Hassinger, Das Werden des neuzeitlichen Europas 1300 - 1600, S. 132. Hubert Jedin, Die Päpste und das Konzil in der Politik Karls V., S. 106. Leopold von Ranke, Deutsche Geschichte im Zeitalter der Reformation, Bd. II, S. 4.

[36] Wilhelm Borth, Die Luthersache, S. 108 - 110. Eberhard Kessel, Luther vor dem Reichstag in Worms 1521, S. 181, 182.

[37] Paul Kalkoff, Die Depeschen des Nuntius Aleander vom Wormser Reichstag 1521, S. 86, 87.

[38] Karl Brandi, Kaiser Karl V., S. 106. Rainer Wohlfeil, Der Wormser Reichstag von 1521, S. 146, 147.

[39] Karl Brandi, Kaiser Karl V., S. 125, und Deutsche Geschichte im Zeitalter der Reformation und Gegenreformation, S. 109. Paul Kalkoff, Aleander gegen Luther, S. 150.

Mit der Verkündung und Veröffentlichung des Wormser Edikts am 25./26. Mai 1521 ist nun klar erkennbar die Entscheidung gegen die Reformation gefallen. Über Luther und seine Anhänger ist damit die Reichsacht verhängt, Luthers Schriften sind verboten, ein allgemeines Zensurgebot soll die Herstellung und Verbreitung glaubensfeindlicher Bücher verhindern[40].

Daraufhin wird der Druck auch auf Eberlin zugenommen haben. Welche Maßnahmen im einzelnen gegen ihn ergriffen wurden, ist nicht bekannt. Nach Schum[41] soll Eberlin bereits durch die Anordnung einer Strafversetzung zum Austritt aus dem Ulmer Kloster veranlaßt worden sein. Einem so schnellen Nachgeben Eberlins widerspricht jedoch seine eigene, allerdings sehr knappe Darstellung dieser Vorgänge[42]. Danach wurde er, obwohl der Rat der Stadt Ulm zu vermitteln suchte und sich dreimal bei seinen Ordensoberen für ihn verwandte, von den Ulmer Franziskanern aus dem Kloster vertrieben. Nach seiner am 29. Juni 1521 gehaltenen Abschiedspredigt mußte er Ulm verlassen.

Wenige Tage später, am 4. Juli 1521, predigt er bereits in Baden, im schweizerischen Aargau. Danach hält er sich während des Sommers 1521 bei seinen Verwandten in Lauingen auf, um sich anschließend nach Wittenberg zu wenden[43]. Im selben Jahr noch läßt Eberlin sein Erstlingswerk, die Fünfzehn Bundesgenossen[44], anonym veröffentlichen. Die fünfzehn inhaltlich selbständigen Schriften wurden als einheitliches Gesamtwerk in Basel gedruckt, vermutlich von Pamphilius Gengenbach. Aus Hinweisen in zeitgenössischen Briefen läßt sich der Zeitpunkt, zu dem die Fünfzehn Bundesgenossen im Druck verfügbar waren, etwa auf August 1521 bestimmen[45].

Die Abfassung der Flugschrift hat sich über einen längeren Zeitraum hingezogen. Sie begleitet Eberlins Trennung von seiner Kirche von der ersten kritischen Distanzierung unter dem Einfluß der Schriften Luthers

---

[40] Hermann Conrad, Deutsche Rechtsgeschichte, Bd. II, S. 9. Rainer Wohlfeil, Der Wormser Reichstag von 1521, S. 122, 123.

[41] Wilhelm Schum, Rezension zu B. Riggenbachs „Johann Eberlin von Günzburg und sein Reformprogramm“, in: GgA, 137. Bd. (1875), S. 807.

[42] Ain kurtzer gschrifftlicher bericht, in: Enders Neudrucke, Bd. II, S. 173. Die ander getrew vermanung Johannis Eberlin vonn Gůntzburg, in: Enders Neudrucke, Bd. III, S. 2, 39.

[43] Võ misbrauch Christlicher freyheyt, in: Enders Neudrucke, Bd. II, S. 40.

[44] Der Titel weist darauf hin, daß sich 15 Männer aus dem Volk zusammengeschlossen haben. Gemeinsames Ziel ist die Abschaffung der offenkundigen Mißstände in Reich und Kirche. Ein jeder der Bundesgenossen trägt in einem besonderen Beitrag seinen Vorschlag vor.

[45] Wilhelm Lucke, Die Entstehung der „15 Bundesgenossen“ des Johann Eberlin von Günzburg, S. 30, 31. Max Radlkofer, Johann Eberlin von Günzburg und sein Vetter Hans Jakob Wehe von Leipheim, S. 11, 12. Johann H. Schmidt, „Die 15 Bundesgenossen“ des Johann Eberlin von Günzburg, S. 12.

bis zum endgültigen Bruch mit seinem Orden und dem Weggang von Ulm. Unter Berücksichtigung der von Lucke in eingehender Untersuchung nachgewiesenen Tatsache, daß die fünfzehn Einzelschriften in einer anderen zeitlichen Reihenfolge entstanden sind, als sie später beim Druck des Gesamtwerks zusammengefügt wurden, ergibt sich folgende Entwicklung[46]:

Während Eberlin bei Beginn seiner schriftstellerischen Tätigkeit im Herbst 1520 zunächst nur einzelne kirchliche Mißstände noch durchaus im Sinne einer wohlverstandenen Reform mit dem Ziel einer Erneuerung der Kirche aufzeigt, geht er infolge des feindseligen Verhaltens seiner Ordensbrüder selbst zum Angriff über. Er wendet sich nun scharf gegen das Mönchswesen im allgemeinen und gegen die Franziskaner im besonderen. Er verteidigt die Forderungen Luthers nach einer grundlegenden Kirchenreform und damit seine eigene Haltung.

Inhaltlich sind die Fünfzehn Bundesgenossen im wesentlichen von den aktuellen kirchlichen und politischen Fragen bestimmt, die durch die beginnende Reformation aufgeworfen werden. Im Anschluß an Luthers Schrift „An den christlichen Adel deutscher Nation"[47] setzt sich Eberlin mit kirchlichen Einrichtungen und Gebräuchen wie Vigilien, Seelenmessen, Tagzeiten und sonstigen Stiftungen und mit den zahlreichen Fastengeboten auseinander[48]. Weitere Ziele seiner Kritik sind das Ablaßwesen und die Heiligenverehrung. Ein immer wiederkehrendes Thema aber ist das Klosterwesen, das ihm als Mönch besonders nahe liegt. Anklänge an Ulrich von Hutten finden sich in den Forderungen, den Einfluß der Kirche auf das Reich auszuschließen und eine Einmischung der „Romanisten" in die deutschen Angelegenheiten nicht zu dulden[49].

Im 10. und 11. Bundesgenossen[50] löst sich Eberlin von dem hitzigen, mitunter recht polemisch geführten Streit um einzelne aktuelle Mißstände im kirchlichen und weltlichen Bereich. Mit seinem Entwurf eines neuen Verfassungsaufbaus von Reich und Kirche auf der Grundlage eines allgemeinen aktiven Wahlrechts weist er weit über das Tages-

[46] Wilhelm Lucke, Die Entstehung der „15 Bundesgenossen" des Johann Eberlin von Günzburg, S. 37 ff. und die Zusammenfassung auf S. 98.

[47] An den Christlichen Adel deutscher Nation von des Christlichen standes besserung, in: Luthers Werke (WA), Bd. VI, S. 404.

[48] Der 2., 3., 4. u. 7. Bundesgenosse, in: Enders Neudrucke, Bd. I, S. 15, 23, 35, 67. Wilhelm Lucke, Die Entstehung der „15 Bundesgenossen" des Johann Eberlin von Günzburg, S. 33, 45 - 48.

[49] Der erst bũdtsgnosz, in: Enders Neudrucke, Bd. I, S. 6, 7. Hans-Herbert Ahrens, Die religiösen, nationalen und sozialen Gedanken Johann Eberlin von Günzburgs, S. 37, 38. Hajo Holborn, Ulrich von Hutten, S. 111.

[50] Der .X. bũdtgnoß, in: Enders Neudrucke, Bd. I, S. 107. Der .XI. bũdtgnoß, in: Enders Neudrucke, Bd. I, S. 121.

geschehen hinaus. Teils skizzenhaft, teils bis ins Detail ausgeführt, entwirft Eberlin ein klares, in sich geschlossenes Konzept für den systematischen Aufbau eines einheitlichen Staatswesens und einer davon strikt getrennten Nationalkirche in Deutschland. Eberlin ist sich durchaus bewußt, wie weit diese Ideen von den tatsächlichen Verhältnissen und Möglichkeiten entfernt sind. Er betrachtet sie selbst als Wunschvorstellungen und als Leitgedanken für eine spätere Zeit[51].

Diese beiden Teilschriften sind wahrscheinlich während seines Aufenthalts in Lauingen im Sommer 1521 entstanden; in der relativ kurzen Zeit zwischen seiner Vertreibung aus Ulm und der Weiterreise nach Wittenberg, in der er bei seinen Verwandten die erforderliche Ruhe fand, um ungestört von den aktuellen Streitfragen sein Ideal einer Staats- und Kirchenverfassung zu entwickeln und die Arbeit an den Fünfzehn Bundesgenossen insgesamt abzuschließen.

## II. Die Wittenberger Zeit

Wie viele andere Anhänger der Reformation wandte sich Eberlin nach Wittenberg, um hier im geistigen Mittelpunkt der Reformation selbst noch lernen zu können[1], aber wohl auch, um im Herrschaftsbereich des sächsischen Kurfürsten Friedrich des Weisen, der durch geschicktes Taktieren die Durchführung des Wormser Edikts auf seinem Gebiet zu verhindern wußte, vor persönlicher Verfolgung sicher zu sein.

Aus Eberlins eigenen Angaben ist zu entnehmen, daß er erst im Jahr 1522 nach Wittenberg gekommen ist[2]. Seine Vertrautheit mit den Augsburger Reformationsverhältnissen und die Tatsache, daß er den Augsburgern eine besondere Schrift widmete, lassen weiter darauf schließen, daß ihn seine Reise auch über Augsburg geführt hat[3]. Schließlich berichtet Eberlin noch von einem krankheitsbedingten Aufenthalt in Leipzig und von einer „kindlichen und freundlichen Ermahnung an

---

[51] Vgl. die utopischen Orts- und Zeitangaben am Schluß des 10. und 11. Bundesgenossen, in: Enders Neudrucke, Bd. I, S. 119 und 131.

[1] In der Flugschrift „Ein getrewe warnung an die Christen, in der Burgawischen marck", in: Enders Neudrucke, Bd. III, S. 275, bekennt Eberlin, er habe, als er nach Wittenberg kam, nicht viel vom Evangelium verstanden.

[2] Ein getrewe warnung an die Christen, in der Burgawischen marck, in: Enders Neudrucke, Bd. III, S. 275. An der Wittenberger Universität war Eberlin, allerdings erst im Sommersemester 1523, eingeschrieben als „Joannes Apriolus kunspergen. dioces. Augusten". Vgl. Enders Neudrucke, Bd. III, Vorwort VII.

[3] Syben frum̄ aber trostloß pfaffen klagen ire not, in: Enders Neudrucke, Bd. II, S. 59. Der frummen pfaffen trost, in: Enders Neudrucke, Bd. II, S. 92. Ain fraintlich trostliche vormanung an alle frummen Christen, zů Augspurg Am Leech, in: Enders Neudrucke, Bd. II, S. 137. Max Radlkofer, Johann Eberlin von Günzburg und sein Vetter Hans Jakob Wehe von Leipheim, S. 46 m. w. N.

die deutschen Bischöfe", die der Bischof von Merseburg, Adolf von Anhalt, von ihm erhalten habe[4]. Unklar ist, ob es sich dabei um eine nicht mehr vorhandene Schrift Eberlins handelt oder um die in dieser Zeit entstandene Flugschrift „Wider die Schänder der Kreaturen Gottes"[5], die allerdings wegen ihres scharfen Tons und der Ablehnung aller kirchlichen Weihen kaum als „kindlich und freundlich" bezeichnet werden kann[6]. Darin knüpft Eberlin an zwei bereits im Jahr 1520 zum selben Thema erschienene Schriften des Wittenberger Theologieprofessors Andreas Bodenstein, nach seinem Geburtsort Karlstadt genannt, an[7]. Diese Flugschrift Eberlins steht ohne Zweifel in direktem zeitlichen Zusammenhang mit den Wittenberger Wirren zum Jahreswechsel 1521/22, in denen Karlstadt durch sein zunehmend radikaler werdendes Verhalten bei der Durchführung der Kirchenreform eine bedeutende Rolle spielte. Auch Eberlin wird zunächst stark von Karlstadt beeinflußt. In dieser ersten Zeit nach seinem Bruch mit der alten Kirche steht er ganz auf Seiten einer kompromißlosen Neuerung.

Eberlins Reise nach Wittenberg fällt in eine Gärungsperiode der Reformationsbewegung. Einerseits drängen die neuen Ideen auf eine möglichst schnelle und umfassende Verwirklichung. Denn auf die alten kirchlichen Lehren, die Luther erschüttert hatte, waren Gebräuche gegründet, die jeden Augenblick des täglichen Lebens beherrschten. Es wäre unmöglich gewesen, auf dem einmal eingeschlagenen Weg stehenzubleiben[8]. Andererseits bestand jedoch allgemein Unsicherheit über die Art und das Ausmaß der Folgerungen, die aus den neuen Lehren zu ziehen waren, über die Form des Gottesdienstes und der Heiligenverehrung, über die Fastengebote und die vielfältigen Gebote und Verbote, mit denen die Kirche jeden einzelnen zu erreichen und zu binden suchte. Darüber ist es während Luthers Aufenthalt auf der Wartburg auch in Wittenberg zu ernsthaften Unruhen gekommen[9].

[4] Wie gar gfarlich sey. So ein Priester kein Eeweyb hat, in: Enders Neudrucke, Bd. II, S. 31. Der frummen pfaffen trost, in: Enders Neudrucke, Bd. II, S. 92.

[5] Wider die schender der Creaturen gottes, in: Enders Neudrucke, Bd. II, S. 1.

[6] Max Radlkofer, Johann Eberlin von Günzburg und sein Vetter Hans Jakob Wehe von Leipheim, S. 47, 48 m. w. N. Wilhelm Schum, Rezension zu B. Riggenbachs „Johann Eberlin von Günzburg und sein Reformprogramm", in: GgA, 137. Bd. (1875), S. 818.

[7] Hermann Barge, Andreas Bodenstein von Karlstadt, Bd. I, S. 209, 214. Ulrich Bubenheimer, Consonantia Theologiae et Jurisprudentiae, S. 1, 2. Carl F. Jäger, Andreas Bodenstein von Carlstadt, S. 89.

[8] Leopold von Ranke, Deutsche Geschichte im Zeitalter der Reformation, Bd. II, S. 10.

[9] Hermann Barge, Andreas Bodenstein von Karlstadt, Bd. I, S. 311. Bihlmeyer-Tüchle, Kirchengeschichte, Bd. III, S. 25, 26. Karl Müller, Luther und Karlstadt, S. 29 ff.

Unter spektakulären Umständen kam es zu verstärkten Austritten aus den Klöstern, Geistliche sagten sich vom Zölibat los, und aus den geistlichen Pfründen und kirchlichen Stiftungen wurde ein „gemeiner Kasten“ zur Besoldung der Geistlichen und Unterstützung der Armen geschaffen. Unter Karlstadts Führung wurde der Gottesdienst zugunsten der in deutscher Sprache gehaltenen Predigt radikal umgestaltet.

Der Umsturz der alten kirchlichen Ordnung drohte sich schließlich auch gegen die weltliche Obrigkeit zu richten. Die Situation verschärfte sich, als Mitglieder der aus Zwickau vertriebenen Sekte der Wiedertäufer, unter ihnen die „Propheten“ Nikolaus Storch und Markus Stübner, im Dezember 1521 nach Wittenberg kamen. Unter endzeitlichen Erwartungen forderten sie nicht nur die Abschaffung allen äußeren Kirchentums, sondern auch die Beseitigung jeder gesetzten Ordnung und Regierung. Gegen die steigende Erregung in der Gemeinde waren der Rat der Stadt und die bloßen Ermahnungen des sächsischen Kurfürsten machtlos. Der Protest gegen die bisherige Heiligenverehrung steigerte sich im Februar des Jahres 1522 zu einem allgemeinen Bildersturm in den Kirchen. Durch diese Entwicklung, die den Fortgang einer geordneten Reformation auf das äußerste bedrohte, sah sich Luther veranlaßt, am 7. März 1522 nach Wittenberg zurückzukehren. Mit seinen in den folgenden Tagen gehaltenen Predigten rief er zur Mäßigung auf, dämpfte die Erregung und stellte im Zusammenwirken mit der weltlichen Obrigkeit die Ruhe wieder her[10].

Vor dem Hintergrund dieser Vorgänge und angesichts der Rolle, die Karlstadt dabei spielte, kann Eberlins Schrift „Wider die Schänder der Kreaturen Gottes“[11] nur als Unterstützung Karlstadts gegenüber der vor allem von Luther vertretenen Auffassung von einem ruhigeren und behutsameren Reformationsablauf gewertet werden. Dafür spricht allerdings mehr der Zeitpunkt der Abfassung als der Inhalt dieser Flugschrift. Eberlin nimmt darin einen bereits mehr als ein Jahr zurückliegenden Streit Karlstadts mit Franziskanermönchen über die Berechtigung kirchlicher Weihen zum Anlaß, für den Reformator Partei zu ergreifen und mit sinnentleerten Äußerlichkeiten des Mönchtums abzurechnen. In teilweise polemischer Argumentation tritt Eberlin dabei noch entschiedener auf als Karlstadt. Aber selbst in diesem Zeitpunkt, in dem ihm noch die Verbitterung über seine Vertreibung aus Ulm zugutegehalten werden muß, ist er kein radikaler Anhänger Karlstadts.

Zwar tritt Eberlin zunächst ungeduldig für eine energische Durchsetzung der Reformationsziele ein, ohne jedoch Tumulte und Ausschrei-

[10] Walther P. Fuchs, Das Zeitalter der Reformation, S. 59.

[11] Wider die schender der Creaturen gottes, in: Enders Neudrucke, Bd. II, S. 1.

tungen als Mittel zu diesem Zweck gutzuheißen. Auffallend ist, daß er die Wittenberger Unruhen mit keinem Wort erwähnt. Auch auf den persönlichen Gegensatz zwischen Luther und Karlstadt während dieser Vorgänge geht Eberlin nicht ein. Riggenbachs und Radlkofers Charakterisierung[12], Eberlin wollte „nicht so sanft mit den Papisten umgehen wie Luther und Melanchthon" beruht auf einer sinnentstellenden Verbindung zweier inhaltlich nicht zusammengehörender Textstellen[13]. Eberlin vermeidet vielmehr alles, was zu einer Spaltung der Reformationsbewegung führen und als persönliche Stellungnahme gegen Luther angesehen werden könnte.

In der Folgezeit macht sich bald Luthers mäßigender Einfluß auf Eberlin bemerkbar. Zunächst fährt er zwar fort, den sittlichen Verfall der Geistlichkeit anzuprangern und den Zölibat als den Ursprung dieser Mißstände entschieden zu bekämpfen[14]. Doch bereits in der folgenden Flugschrift „Vom Mißbrauch christlicher Freiheit"[15], deren Titel bereits die Anlehnung an Luthers Schrift „Von der Freiheit eines Christenmenschen"[16] verrät, weicht das bisherige scharfe Anklagen und einseitige Verurteilen einer versöhnlicheren und differenzierteren Betrachtung. Eberlin anerkennt das bewahrende und beharrende Moment in der Auseinandersetzung. Nicht durch einen radikalen Bruch mit dem Althergebrachten, sondern durch Reformen soll eine allmähliche Besserung der Verhältnisse erreicht werden. Auch soll nicht jeder Laie zu Kritik und eigenmächtigen Veränderungen befugt sein. Vielmehr soll es den wenigen Berufenen, besonders Luther, Karlstadt und Melanchthon vorbehalten sein, die Reformation voranzutreiben. Bescheiden will sich Eberlin künftig damit begnügen, das Erhaltenswerte zu beschirmen[17].

---

[12] Bernhard Riggenbach, Johann Eberlin von Günzburg und sein Reformprogramm, S. 83, und ihm folgend Max Radlkofer, Johann Eberlin von Günzburg und sein Vetter Hans Jakob Wehe von Leipheim, S. 49.

[13] Vgl. die Schrift „Wider die schender der Creaturen gottes", in: Enders Neudrucke, Bd. II, S. 3: Eberlin meint, Karlstadt sei zu schonend mit den Franziskanern umgegangen. S. 4: Andererseits schreibt Eberlin zwar von den sanften christlichen Lehrern Luther und Melanchthon u. a., die der Widerchristen Unglück mit Sanftmütigkeit hinderten, indem sie Aufruhr verböten. Er meint auch, „wie ernstlich, begierig und scharf würde mit Feder, Zunge und Schwert gehandelt werden, wenn diese milden Lehrer nicht Widerstand dagegen leisteten", enthält sich aber jeder Wertung und Kritik.

[14] Wie gar gfarlich sey. So ein Priester kein Eeweyb hat, in: Enders Neudrucke, Bd. II, S. 21. Eberlin nimmt hier seine bereits im 1. und 10. Bundesgenossen dargelegten Gedanken zum Verbot der Priesterehe wieder auf.

[15] Vō misbrauch Christlicher freyheyt, in: Enders Neudrucke, Bd. II, S. 39.

[16] Luthers Werke (WA), Bd. VII, S. 20.

[17] Vō misbrauch Christlicher freyheyt, in: Enders Neudrucke, Bd. II, S. 55: „... ich vnd meins gleychen sollen bleyben an der schirmer, nit an der anrenner stadt ..."

Noch im Jahr 1522 erscheinen in schneller Folge weitere Flugschriften. In den beiden inhaltlich zusammengehörenden Schriften „Von der Pfaffen Klage“[18] und dem „Trost der Pfaffen“[19] beschäftigt sich Eberlin nicht mehr mit der Kirche als Institution, sondern mit den Lebensverhältnissen der niederen Geistlichkeit, die hier selbst als Opfer der kirchlichen Mißstände erscheint. In der ersten der beiden Flugschriften läßt Eberlin sieben Geistliche, deren Sprache in ihrer Heftigkeit und Übertreibung an Eberlins ältere Schriften erinnert, zu Wort kommen. Sie beklagen ihre mangelnde Bildung, Müßiggang und nutzloses Tun, zu dem sie einerseits von ihren Vorgesetzten gezwungen würden, das andererseits jedoch das Volk gegen sie erbittere. Dagegen zeichnen sich Eberlins Vorschläge, die in der zweiten Schrift von den fünfzehn Bundesgenossen vorgetragen werden, durch Besonnenheit aus. Mißbräuche seien nur nach und nach abzustellen. Anstatt Gülten zu nehmen, sollten sich die Geistlichen durch eigene Arbeit selbst unterhalten.

Auch in der darauffolgenden Flugschrift, die als letztes Ausschreiben der fünfzehn Bundesgenossen ergeht[20], führt Eberlin den Gedanken von einer allmählichen Reformation fort. Eingehend setzt er sich mit dem Zehnt auseinander, in dessen Besitz die Kirche unrechtmäßig gekommen sei. Dennoch solle er weiterhin den Geistlichen zustehen, soweit er ihrem Unterhalt diene, darüber hinaus aber zu einer geordneten Armenpflege verwendet werden.

Nach der Übersetzung eines Berichts über die Revokationsvorgänge um den ehemaligen Augustinerprior zu Antwerpen, Jacob Spreng von Ypern, aus dem Lateinischen[21] läßt Eberlin als letzte Schrift des Jahres 1522 ein Sendschreiben an die Bürger von Augsburg[22] ausgehen. Darin erläutert er zwar die neue Lehre ganz im Sinne Luthers, wendet sich aber, indem er als ihre Grundlage nur das Evangelium anerkennt, gegen eine Aufsplitterung der Reformationsbewegung in lutherische, karlstädtische und andere Lehrmeinungen.

Angeregt durch die politischen Verhältnisse im Reich, beschäftigt sich Eberlin zu Beginn des Jahres 1523 mit der zu diesem Zeitpunkt höchst aktuellen Frage eines Konzils oder einer Reichsversammlung.

---

[18] Syben frum̃ aber trostloß pfaffen klagen ire not, in: Enders Neudrucke, Bd. II, S. 57.

[19] Der frummen pfaffen trost, in: Enders Neudrucke, Bd. II, S. 79.

[20] Eyn new vnd das letzt außschreyben der xv. bundtgenossen, in: Enders Neudrucke, Bd. I, S. 171.

[21] Ein schone vnd clegliche history brůder Jacobs probst Augustiner ordens, in: Enders Neudrucke, Bd. II, S. 95. Max Radlkofer, Johann Eberlin von Günzburg und sein Vetter Hans Jakob Wehe von Leipheim, S. 79 - 82.

[22] Ain fraintlich trostliche vormanung an alle frummen Christen, zů Augspurg Am Leech, in: Enders Neudrucke, Bd. II, S. 137.

Am 13. Januar 1523 hatte der Ausschuß des Reichsregiments den Ständen ein Gutachten vorgelegt, nach dem innerhalb eines Jahres ein Konzil einberufen werden sollte mit Sitz und Stimmrecht auch der weltlichen Reichsstände. Dieses Gutachten sowie die am 6. März 1523 als kaiserliches Edikt veröffentlichte Erklärung der Reichsstände wurde rasch verbreitet[23].

An diese Vorgänge knüpft Eberlins Flugschrift „Ein Büchlein, darin auf drei Fragen geantwortet wird"[24] an. Er bedauert die zu langsame Ausbreitung der Reformation und die durch sie hervorgerufenen Unruhen. Ein Konzil oder einen Reichstag zur Entscheidung in Glaubensangelegenheiten lehnt er ab. Hier wird Eberlins eigenständige Mittlerstellung deutlich. So wie er einerseits jeden gewaltsamen Reformationsversuch verurteilt, wendet er sich andererseits gegen eine Reglementierung in der Sache des Glaubens als einer inneren Angelegenheit. Auch dies ist Ausfluß der wohlverstandenen „Freiheit eines Christen". Er muß nicht auf ein Konzil oder einen Reichstag warten, sondern urteilt selbst durch seinen Glauben über „Concilia, Doctores, Bapst, Keyser vnnd Reychstag"[25]. Damit ist der weltlichen Gewalt, der gerade Eberlin das Recht, ja die Pflicht zuweist, kirchliche Mißstände abzustellen, ihre Grenze dort gewiesen, wo es nicht um die Kirche als Institution, sondern um ihren Glaubensinhalt geht.

Darauf folgen, von Eberlin möglicherweise schon als Vorbereitung seiner im Sommer 1523 angetretenen Reise nach Süddeutschland gedacht, zwei Sendschreiben an die Bürger Ulms[26]. In der ersten der beiden Schriften legt er sein neues Glaubensbekenntnis dar. Auch hier beschäftigt er sich nicht mehr mit der in früheren Flugschriften angegriffenen Hierarchie der römischen Kirchenorganisation, sondern mit der Kirche als ideeller Gemeinschaft, die er als die Gesamtheit der Gläubigen versteht, und ihrer Stellung zum Papst. In mehr theoretischer Weise behandelt er theologische Fragen, wie die göttliche Prä-

---

[23] RTA (JR), Bd. III, Nr. 84, S. 447 - 452.

[24] Ein büchlin dar in auff drey fragen geantwurt wirt, in: Enders Neudrucke, Bd. II, S. 153. Aufgrund des sachlichen Zusammenhangs mit den Bestrebungen, durch eine allgemeine Reichstagsversammlung eine weitere Spaltung in Reich und Kirche zu verhindern, wird zu Recht als Erscheinungszeit dieser Schrift der Beginn des Jahres 1523 angenommen. Vgl. Max Radlkofer, Johann Eberlin von Günzburg und sein Vetter Hans Jakob Wehe von Leipheim, S. 88, 90, 91. Dagegen Bernhard Riggenbach, Johann Eberlin von Günzburg und sein Reformprogramm, S. 205, der ohne Begründung diese Flugschrift als Ergebnis der im Jahr 1523 angetretenen Sommerreise Eberlins nach Süddeutschland annimmt.

[25] Ein büchlin dar in auff drey fragen geantwurt wirt, in: Enders Neudrucke, Bd. II, S. 166.

[26] Ain kurtzer gschrifftlicher bericht, in: Enders Neudrucke, Bd. II, S. 171. Die ander getrew vermanung Johannis Eberlin vonn Gůntzburg, in: Enders Neudrucke, Bd. III, S. 1.

destination, die Bedeutung des Glaubens gegenüber den guten Werken, die Handhabung der Feiertage, Zeremonien, Messe und Beichte, Fasten und Klosterstand. Zu vielen alten Streitfragen vertritt er nun eine mehr praktisch orientierte, pragmatische Haltung. Wer nur für Geld Sakramente, Ehebewilligung oder den Austritt aus dem Kloster erwirken könne, der solle es entrichten. Der weltlichen Gewalt müsse man sich fügen, soweit dies ohne Verstoß gegen das Evangelium möglich sei. Als Anliegen in eigener Sache kann die Aufforderung verstanden werden, die Ulmer sollten den Bettelmönchen das Predigen untersagen und stattdessen einen frommen, gelehrten Prediger anstellen[27].

Im zweiten Ulmer Sendschreiben gibt Eberlin Ratschläge, wie das im ersten Schreiben niedergelegte Glaubensbekenntnis durchzuführen sei. Dabei geht er insbesondere auf die Ulmer Reformationsverhältnisse ein und findet hier zu seiner früheren scharfen Kritik am dortigen Mönchswesen zurück. Die Flugschrift schließt mit dem Angebot Eberlins, selbst wieder nach Ulm zu kommen[28].

Das Mönchtum ist das Thema auch der folgenden Flugschrift „Wider die falschscheinenden Geistlichen"[29]. Die Schrift, in der sich Anklänge an Luthers Abhandlung „Wider den falsch genannten geistlichen Stand des Papstes und der Bischöfe"[30] finden, ist der Höhepunkt in Eberlins literarischer Auseinandersetzung mit seinem früheren Orden, den Franziskanern. In 36 Einzelpunkten mißt er deren Ordensregel sowohl am Evangelium als auch an der Vernunft und dem Gutdünken aller Menschen und verwirft sie als Betrug.

Nach Abschluß dieser Arbeit im Juni 1523 zieht es Eberlin wieder nach Süddeutschland, wohin er seine Verbindungen — wie die Sendschreiben an die Augsburger und Ulmer zeigen — nie ganz hatte abreißen lassen. Seine Hoffnung, hier eine Anstellung als Prediger zu finden, wurde jedoch enttäuscht. Abgesehen von einem vierwöchigen Aufenthalt in Rheinfelden bei Basel scheint es ihm nicht möglich gewesen zu sein, irgendwo längere Zeit zu bleiben. Eberlin deutet an, daß er auf Betreiben der dortigen Geistlichen Rheinfelden verlassen mußte[31]. Von da führt ihn seine Reise weiter nach Rottenburg am Neckar. Eine

---

27 Ain kurtzer gschrifftlicher bericht, in: Enders Neudrucke, Bd. II, S. 191.

28 Die ander getrew vermanung Johannis Eberlin vonn Gůntzburg, in: Enders Neudrucke, Bd. III, S. 40.

29 Wider die falschscheynende gaystlichen vnder dem Christlichñ hauffen, in: Enders Neudrucke, Bd. III, S. 41.

30 Luthers Werke (WA), Bd. X, S. 105. Max Radlkofer, Johann Eberlin von Günzburg und sein Vetter Hans Jakob Wehe von Leipheim, S. 114, 115 m. w. N.

31 Mich wundert das kein gelt ihm land ist, in: Enders Neudrucke, Bd. III, S. 156, 157.

hier gehaltene Predigt Eberlins ist später als Flugschrift[32], sie trägt die Jahreszahl 1524, gedruckt worden. Im Oktober 1523 hält sich Eberlin schließlich in Ulm auf. Seine Predigten erregen Aufsehen und führen zu Unruhen. Angesichts der ungeklärten Religionsverhältnisse im Reich versucht der Rat der Stadt, in den erneuten Auseinandersetzungen zwischen Eberlin und den altgläubigen Geistlichen Ulms eine neutrale Haltung einzunehmen. Den Antrag der Franziskaner, Eberlin als „außgeloffen Munch" gefangenzunehmen, lehnt er ebenso ab wie Eberlins Bitte um Schutz vor Verfolgung. Eberlin wird nahegelegt, die Stadt zu verlassen[33].

Aus dieser Zeit ist die Schrift „Der Glockenturm"[34] erhalten. Es handelt sich hierbei um eine Verteidigungsschrift Eberlins zugunsten seines Vetters Hans Jakob Wehe, des reformatorisch gesinnten Pfarrers zu Leipheim, und um eine mit vielen Bibelzitaten versehene Erläuterung der Rechtfertigungslehre. Anlaß ist die vom Rat Günzburgs verfügte Festnahme einiger Bürger, die zu den Predigten Wehes gekommen waren. Die zum Teil sprunghafte Gedankenführung und die flüchtige Niederschrift lassen darauf schließen, daß Eberlin diese Flugschrift noch auf der Weiterreise nach Nürnberg verfaßt hat[35].

Das darauffolgende „freundliche Zuschreiben an alle Stände deutscher Nation"[36] trägt bereits die Angabe Nürnberg auf Martini — das ist der 11. November — 1523. Dieses Schreiben wurde ebenso wie die bereits vor seiner Sommerreise entstandene Schrift „Wider den unvorsichtigen, unbescheidenen Ausgang vieler Klosterleute"[37] erst im Jahr 1524 gedruckt und veröffentlicht. Beide Flugschriften beschäftigen sich mit dem Austritt aus dem Kloster. Während er einerseits vor einem mutwilligen und unbedachten Austritt warnt, wirbt er andererseits um Verständnis für die Mönche und Nonnen, die zu einem solchen Schritt getrieben werden.

---

[32] Ein kostliche predig von zweyerley reich, in: Enders Neudrucke, Bd. III, S. 89.

[33] Schreiben Eberlins an den Rat vom 26. 10. 1523, abgedruckt in: Carl Jäger, Mittheilungen zur schwäbischen und fränkischen Reformationsgeschichte, Bd. I, S. 362, 363. Die Antwort des Rates im Ratsprotokoll vom 26. 10. 1523 ist im Stadtarchiv Ulm, Ratsprotokolle, Bd. VII, Bl. 380, erhalten, abgedruckt in: Max Radlkofer, Johann Eberlin von Günzburg und sein Vetter Hans Jakob Wehe von Leipheim, S. 137.

[34] Der Clocker thurn bin ich genant, in: Enders Neudrucke, Bd. III, S. 111.

[35] Bernhard Riggenbach, Johann Eberlin von Günzburg und sein Reformprogramm, S. 195.

[36] Eyn freundtlichs zuschreyben an alle stendt teutscher nation, in: Enders Neudrucke, Bd. III, S. 125.

[37] Wider den vnfürsichtigen vnbeschayden außganng viler der Klosterleüt, in: Enders Neudrucke, Bd. II, S. 119. Max Radlkofer, Johann Eberlin von Günzburg und sein Vetter Hans Jakob Wehe von Leipheim, S. 82, 83.

Von Nürnberg kehrte Eberlin über Coburg[38] Ende 1523 nach Wittenberg zurück, wo er sich wieder verstärkt seinen literarischen Arbeiten widmet. In den folgenden Monaten entstehen als Ergebnis seiner Reiseeindrücke drei weitere Flugschriften.

Die zunehmende Unruhe und Unzufriedenheit in großen Teilen der Bevölkerung und die örtlichen Vorboten des heraufziehenden Bauernkriegs wird Eberlin auf seiner Reise gerade im Südwesten des Reichs bemerkt und zum Anlaß seiner sozialpolitischen Schrift „Mich wundert, daß kein Geld im Land ist"[39] genommen haben. Im Gespräch Psitacus, eines der fünfzehn Bundesgenossen, mit drei Landfahrern spiegelt Eberlin die Ansichten des gemeinen Mannes zum Tagesgeschehen, insbesondere zu den wirtschaftlichen und sozialen Verhältnissen seiner Zeit wider. Anders als in den vorangegangenen Schriften verzichtet Eberlin auf eine eigene engagierte Stellungnahme und auf Reformvorschläge. Er reflektiert die Erbitterung des einfachen Volkes, der Bauern und Handwerker, die sich in ihrer großen Masse vom politischen Geschehen, von jeder Mitbestimmung selbst in dem überschaubaren Lebensbereich ihrer Dörfer und Städte ausgeschlossen finden. Eberlin gibt die verbreiteten Klagen über Teuerung und Geldknappheit und die volkstümlichen Meinungen über deren Ursachen wieder, die vor allem in den auswärtigen Kriegen des Kaisers, den Fehden der Fürsten untereinander, im Prunk des Adels und der Kirche, im Geldabfluß nach Rom und in dem durch die Kaufleute und Handelshäuser geweckten Bedürfnissen nach Luxus gesehen werden.

Hatte Eberlin noch knapp zwei Jahre zuvor in der 1522 erschienenen Flugschrift „Der frommen Pfaffen Trost" geurteilt, „die bauren werden sich noch vil bedencken, ee dann sye ein vffrur vffrichten"[40], so mußte er nun deutlich die Gefahr einer bevorstehenden gewaltsamen Auseinandersetzung erkennen[41]. In dieser Situation verfolgt Eberlin mit seiner Schrift zwei verschiedene Zwecke. Einerseits will er die sozialen Probleme aus der Sicht des einfachen Volkes darstellen, um auf die Dringlichkeit ihrer Lösung hinzuweisen. Adressat der vielfältigen Klagen ist daher — ebenso wie bei den Fünfzehn Bundesgenossen — Kaiser

[38] In der Einleitung seiner folgenden Schrift „Mich wundert das kein gelt ihm land ist", in: Enders Neudrucke, Bd. III, S. 118, grüßt Eberlin den „Erberen herren Mathis Vischer zu Koburg", der von Albert Greiner, Die Einführung der Reformation in der Pflege Coburg 1520 - 1555, S. 93 - 96, 105, als Vikar zu Coburg und später als Pfarrer in Gleußen bei Coburg erwähnt wird.

[39] Mich wundert das kein gelt ihm land ist, in: Enders Neudrucke, Bd. III, S. 117.

[40] Der frummen pfaffen trost, in: Enders Neudrucke, Bd. II, S. 93.

[41] Mich wundert das kein gelt ihm land ist, in: Enders Neudrucke, Bd. III, S. 168: „... aber bald wirt (forcht ich) bruder Omnes offentlich zeygen, was vnbillichs im land furgenommen wirt ..."

Karl V., von dem entsprechende Reformen verlangt werden. Andererseits warnt Eberlin nachdrücklich vor gewalttätiger Selbsthilfe. Beschwichtigend erklärt er, die aufgezeigten Mißstände seien nicht dem Kaiser, der von alldem nichts wisse, sondern seinen falschen Ratgebern anzulasten[42].

Wenn Eberlin damit den grundsätzlichen, durch das System der ständischen Gliederung bedingten sozialen Konflikt auf die Ebene einzelner abstellbarer Mängel herunterspielt, so entspricht dies seinem Bestreben, die Möglichkeit einer friedlichen Änderung der Verhältnisse in Aussicht zu stellen und von Gewaltanwendung abzuhalten[43].

Eine weitere, den Rheinfelder Bürgern gewidmete Schrift „Ein schöner Spiegel eines christlichen Lebens“[44] ist wohl als Dank für die ihm während seiner Reise erwiesene Gastfreundschaft gedacht. Sie enthält eine Zusammenfassung der wichtigsten und zumeist schon in früheren Flugschriften dargelegten Grundsätze seines reformatorischen Glaubensbekenntnisses.

Rein pastoraltheologischen Inhalts ist die an Eberlins Vetter Hans Jakob Wehe in Leipheim gerichtete Schrift „Wie sich ein Diener des Wort Gottes in seinem Tun richten soll“[45]. Damit wendet sich Eberlin wieder mehr seinen eigentlichen theologischen Aufgaben zu. Ein festes geistliches Amt bekleidet er jedoch nicht, bekommt es auch nicht, als er im Frühjahr 1524 nach Erfurt geht. Seine am 1. Mai 1524 gehaltene Antrittspredigt ist als gedruckte Flugschrift — „Ein Sermon zu den Christen in Erfurt“[46] — erhalten.

In diese Zeit fällt auch seine Heirat mit der einem alten fränkischen Adelsgeschlecht aus der Markgrafschaft Brandenburg-Ansbach entstammenden Martha von Aurach[47].

Über seine Tätigkeit in Erfurt schreibt Eberlin, er sei ganz sanft geworden, predige das Evangelium einfältig und lasse Gott walten.

---

[42] Mich wundert das kein gelt ihm land ist, in: Enders Neudrucke, Bd. III, S. 155, 168, 173.

[43] Mich wundert das kein gelt ihm land ist, a.a.O., S. 158.

[44] Ein schoner spiegel eins Christlichen lebens, in: Enders Neudrucke, Bd. III, S. 97.

[45] Wie sich eyn diener Gottes wortts ynn all seynem thun halten soll, in: Enders Neudrucke, Bd. III, S. 183.

[46] Eyn Sermō zu den Christen yn Erffurd, in: Enders Neudrucke, Bd. III, S. 233.

[47] Mich wundert das kein gelt ihm land ist, in: Enders Neudrucke, Bd. III, S. 165. Johann G. Biedermann, Geschlechts = Register der Reichs = Frey unmittelbaren Ritterschaft Landes zu Francken, Lǒblichen Orts Steigerwald, S. 187. J. Siebmacher's grosses und allgemeines Wappenbuch, Bd. II, S. 9, 29. Friedrich Wecken, Die Lebensbeschreibung des Abtes Clemens Leusser von Bronnbach, in: ARG, 8. Bd. (1910/11), S. 264.

Damit schaffe er mehr Nutzen als mit Schelten und Toben[48]. Diese Einstellung entspricht der ruhigen Einsicht, zu der Eberlin in seiner Wittenberger Zeit gefunden hat. Obwohl er ein begeisterter Anhänger der Reformation geworden war, hatte er sich stets die Freiheit einer eigenständigen Kritik bewahrt — eine Kritik, die sich ebenso selbstverständlich wie gegen die Mißstände der alten Kirche auch gegen Auswüchse innerhalb der Reformationsbewegung, gegen radikale Eiferer und Schwärmer richtet. Eindringlich weist er darauf hin, daß der Sinn der Reformation nicht darin liege, auf die „Papisten" einzuschlagen, um unter diesem Vorwand alle möglichen eigennützigen Ziele zu verfolgen[49].

Ein Grundgedanke, der in seinen Flugschriften immer wieder auftaucht, ist die Trennung zwischen Kirche und Reich. In diesem Sinn wendet er sich unter nationalen Gesichtspunkten gegen den Einfluß der römischen Kirche. Gleichzeitig bekämpft er aber auch eine zu enge Verbindung der Reformation mit weltlichen Reformbestrebungen, da deren Scheitern auch die kirchliche Eneuerung gefährden müsse. Nachdrücklich warnt Eberlin davor, den gemeinen Landfrieden durch „unzeitigen Gebrauch der Freiheit" zu zerstören[50]. Seine Befürchtungen werden wenig später durch den Verlauf des Bauernkriegs bestätigt.

Seine unabhängige Mittlerstellung und sein Geschick zum Ausgleich lassen Eberlin in besonderer Weise geeignet erscheinen, die vermutlich im Auftrag oder auf Anregung Luthers übernommene Aufgabe einer Neuordnung der kirchlichen Verhältnisse in Erfurt durchzuführen[51]. Für ihn persönlich bot sich dabei die Möglichkeit, mit der Zeit eine dauernde Anstellung als Prediger zu erhalten, nachdem es ihm offensichtlich auch in Wittenberg nicht gelungen war, festen Fuß zu fassen[52].

---

[48] Mich wundert das kein gelt ihm land ist, in: Enders Neudrucke, Bd. III, S. 165.

[49] Võ misbrauch Christlicher freyheyt, in: Enders Neudrucke, Bd. II, S. 40. Mich wundert das kein gelt ihm land ist, in: Enders Neudrucke, Bd. III, S. 163, 164.

[50] Võ misbrauch Christlicher freyheyt, in: Enders Neudrucke, Bd. II, S. 45. Wie sich eyn diener Gottes wortts ynn all seynem thun halten soll, in: Enders Neudrucke, Bd. III, S. 228.

[51] Über die stürmische Entwicklung der Reformation in Erfurt, die Luther bereits 1522 veranlaßt hatte, in Sendschreiben und Predigten zu mahnen, Ruhe und Mäßigung zu bewahren und gewaltsame Neuerungen, Zwietracht und Aufruhr zu vermeiden, vgl. F. W. Kampschulte, Die Universität Erfurt in ihrem Verhältnis zu dem Humanismus und der Reformation, Bd. II, S. 167 und 168.

[52] Johann J. von Döllinger, Die Reformation, ihre innere Entwicklung und ihre Wirkungen, Bd. I, S. 206, meint, Eberlin habe, weil er nicht auf den Papst und die Mönche schalt, als ein Mensch, der weder kalt noch warm sei, keine Beförderung erhalten. Ebenso Wilhelm Schum in seiner Rezension zu B. Riggenbachs „Johann Eberlin von Günzburg und sein Reformprogramm", in: GgA, 137. Bd. (1875), S. 822. Anderer Ansicht dagegen zu Recht Bernhard

In Erfurt, wo die Reformation bereits von dem weitaus überwiegenden Teil der Bevölkerung getragen und auch von der Ratsmehrheit aus nicht ganz uneigennützigen Motiven kräftig unterstützt wurde, war Eberlin zunächst auf sich allein gestellt und auf das Entgegenkommen der dortigen Prediger angewiesen. Geschickt weist er in der Einleitung zu seiner Antrittspredigt darauf hin, daß ihm die bestellten Erfurter Prediger aus Gutwilligkeit eine Anzahl Predigten überlassen hätten[53]. Weitere Unterstützung kann er jedoch nicht erwarten, als bereits bei seinem ersten Auftreten deutlich wird, daß er nicht bereit ist, in die populären Ausfälle gegen die altgläubige Minderheit miteinzustimmen[54].

Begünstigt durch die politischen Verhältnisse, hatte die Reformation in Erfurt ihre eigene Dynamik entwickelt. Erfurt hatte in der Vergangenheit erfolglos versucht, zwischen Kurmainz, das die Landesherrschaft über die Stadt beanspruchte, und Kursachsen, das eine Art Schutzherrschaft ausübte, zur Reichsunmittelbarkeit aufzusteigen. Die Unabhängigkeitsbestrebungen gegenüber der Mainzer Landeshoheit und die Privilegien der Geistlichkeit angesichts einer zerrütteten Wirtschafts- und Finanzlage der Stadt hatten zu einer anhaltenden antiklerikalen Stimmung in der Gemeinde geführt. In dieser Situation konnte sich die Reformation schnell durchsetzen und wurde sogleich „politisch-wirtschaftlich umgebogen"[55]. Die letzten, gegen Mainz gerichteten Ausschreitungen, das sogenannte Pfaffenstürmen von 1521, hatte der Rat zumindest geduldet und dazu benutzt, die Geistlichen zum Verzicht ihrer Abgabenfreiheit und zur Zahlung eines jährlichen Schutzgeldes zu zwingen[56].

Gegenüber einer solchen Politik, die in der Folgezeit konsequent fortgesetzt wurde, mußte Eberlins Bemühen zum Ausgleich störend wirken. Als unbequemer Warner weist er darauf hin, daß die weltliche Gewalt unnötig gegen die Reformation aufgebracht werde, wenn sie zum Vorwand genommen werde für Ungehorsam gegen die Obrigkeit und die Verweigerung gewöhnlicher Verpflichtungen wie Zins- und Zehntlei-

---

Riggenbach, Johann Eberlin von Günzburg und sein Reformprogramm, S. 150. Luthers mäßigender Einfluß auf Eberlin ist unverkennbar. Eberlin bemüht sich auch um eine ausgleichende Haltung in den religiösen Streitfragen seiner Zeit, dennoch sind seine Stellungnahmen eindeutig und bestimmt.

[53] Eyn Sermõ zu den Christen yn Erffurd, in: Enders Neudrucke, Bd. III, S. 237.

[54] Eyn Sermõ zu den Christen yn Erffurd, in: Enders Neudrucke, Bd. III, S. 248: „... das Christentum billicht kainen mutwillen, kainen freuel vff der Lutherischen als des Bapst seytten ..."

[55] Günther Franz, Der deutsche Bauernkrieg, S. 246.

[56] Paul Kalkoff, Humanismus und Reformation in Erfurt, S. 74. F. W. Kampschulte, Die Universität Erfurt in ihrem Verhältnisse zu dem Humanismus und der Reformation, Bd. II, S. 124, 125 und 132, 133.

stungen[57]. Schließlich wird ihm das Predigen „um Lästerungen willen" untersagt[58].

Bald darauf, als der Bauernkrieg auch das Erfurter Gebiet erreicht, ist der Rat auf seine Hilfe angewiesen[59]. Als sich am 27. April 1525 etwa 4000 Bauern vor der Stadt versammeln, erheben sich am darauffolgenden Tag auch die Erfurter Vorstädter. Auf Bitten des Rates, mit dem die Aufständischen nicht verhandeln wollen, gelingt es Eberlin, sie zu beruhigen. Auch die Bauern, die zunächst keinen Prediger anhören wollten, erlauben schließlich allein Eberlin, zu ihnen zu sprechen. Unter persönlicher Gefahr kann er sie von einem gewaltsamen Eindringen in die Stadt abbringen. Danach hätte es, wie Eberlin andeutet, zu keinem weiteren Aufruhr kommen müssen. Der Rat jedoch, der für die Stadt keine Gefahr mehr befürchtete, glaubte, die Bauern jetzt für seine eigenen Ziele gebrauchen zu können. Er öffnete ihnen die Tore und wies ihnen in den einzelnen Klosterhöfen Quartiere zu. Auf seine Anweisung wurden die sichtbaren Zeichen der Mainzer Landesherrschaft, das Zollhaus, mehrere Gerichtsgebäude und das Henkerhaus, zerstört. Der Mainzer Hof, der Sitz der kurfürstlichen Wirtschaftsverwaltung, wurde völlig ausgeplündert[60].

Als die Bauern das Doppelspiel des Rates durchschauen und von unzufriedenen Mitgliedern der Gemeinde zu radikalerem Vorgehen aufgehetzt werden, gelingt es Eberlin noch einmal, sie von Gewaltanwendung abzuhalten. Ihre 28 Beschwerdeartikel, zu deren Abfassung sie ihn zuziehen, verwirft er als mit dem Evangelium nicht im Einklang stehend. Die weitere Entwicklung kann er jedoch nicht mehr aufhalten. So widersetzt er sich erfolglos der Plünderung der Kirchen und Klöster und der Vertreibung der wenigen noch verbliebenen Nonnen. Entschieden verurteilt er die Absetzung des alten Rats. Er ist auch nicht zu gewinnen, als ihm der Oberstratsmeister Hüttener im Namen der neugebildeten Ausschüsse der Gemeinde und der Bauern die Dompfründe mit den vier dazugehörenden Pfarreien anträgt. Konsequent lehnt er das unter anderen Umständen sicher höchst willkommene Amt ab. Danach ist für ihn, da er zum Predigen nicht mehr zugelassen wird, in Erfurt kein Platz mehr. Noch im Mai 1525 folgt er für kurze Zeit

[57] Eyn Sermō zu den Christen yn Erffurd, in: Enders Neudrucke, Bd. III, S. 249.

[58] Schreiben des Magisters Johann Elliger vom 27. 4. 1525 an den Notar von Zeitz, Johann Hecht; abgedruckt in: Max Radlkofer, Johann Eberlin von Günzburg und sein Vetter Hans Jakob Wehe von Leipheim, S. 514.

[59] Bericht Eberlins in der Flugschrift „Ein getrewe warnung an die Christen, in der Burgawischen marck", in: Enders Neudrucke, Bd. III, S. 283 - 286. Walther P. Fuchs, Akten zur Geschichte des Bauernkriegs in Mitteldeutschland, Bd. II, S. 448, 916.

[60] Günther Franz, Der deutsche Bauernkrieg, S. 247.

einem Ruf des Bürgermeisters von Ilmenau in die benachbarte Grafschaft Schwarzburg, um dort, nachdem sich der erste Aufruhr bereits gelegt hat, beruhigend auf die aufständischen Bauern einzuwirken und weitere Unruhen zu verhindern[61].

## III. Die Zeit in Wertheim und Leutershausen

Wie schon seine Sommerreise im Jahr 1523 zeigte, hatte Eberlin den Plan, nach Süddeutschland zurückzukehren, nie ganz aufgegeben. Im September 1525 kommt er „auß geschäften", über die er weiter nichts erwähnt, nach Ansbach. Auf Anregung und mit Unterstützung des obersten Sekretärs und späteren Kanzlers der Markgrafen von Brandenburg-Ansbach-Kulmbach, Georg Vogler, bewirbt sich Eberlin von hier aus um eine Pfarrstelle in Rothenburg[1]. Der Zeitpunkt ist, wenige Monate nach Beendigung des Bauernkriegs, für Eberlin jedoch höchst ungünstig. Der bisherige Prediger, Dr. Johann Teuschlein, um dessen Stelle sich Eberlin bewarb, war nach der Niederschlagung des Bauernaufstands im Rothenburger Gebiet wegen seiner Beteiligung an den vorangegangenen Unruhen am 1. Juli 1525 hingerichtet worden. Insgesamt folgte dem Sieg über die Bauern in der Stadt eine konservative Reaktion und die Restaurierung der altkirchlichen Verhältnisse[2]. Entsprechend gering mußte das Interesse des Rats an einem reformatorisch gesinnten Prediger sein.

Offensichtlich in guter Kenntnis der Situation weist Eberlin in seinem Bewerbungsschreiben darauf hin, daß das Evangelium an „nechst vergangener emborung" keine Schuld treffe. Es richte sich weder gegen die Obrigkeit noch mache es den gemeinen Mann „mutwillig". Vielmehr lehre es — wie seine und andere rechte Predigten es bewiesen — Geduld, Gehorsam, Demut und Zucht. Es nützt ihm jedoch nichts, daß er sich zu ein oder zwei Probepredigten erbietet und daß Vogler ihn als einen frommen evangelischen Prediger und gelehrten Mann empfiehlt. Seine Bewerbung wird ohne nähere Begründung abgelehnt[3].

[61] Ein getrewe warnung an die Christen, in der Burgawischen marck, in: Enders Neudrucke, Bd. III, S. 286, 287.

[1] Empfehlungsschreiben Voglers vom 9. 9. 1525 an den Bürgermeister Conrad Eberhart und Bewerbungsschreiben Eberlins vom 11. 9. 1525 an den Bürgermeister und an den Stadtschreiber Thomas Zweifel im Bayer. StA Nürnberg, Akten der Reichsstadt Rothenburg, Nr. 2082, Bd. I, Bl. 188 u. 191. Abgedruckt von Theodor Kolde, in: BbKG, 1. Bd. (1894), S. 268, 269.

[2] Heinrich W. Bensen, Geschichte des Bauernkriegs in Ostfranken, S. 474 - 477. Theodor Kolde, D. Johann Teuschlein und der erste Reformationsversuch in Rothenburg o. d. T., S. 35.

[3] Der Rothenburger Bürgermeister schrieb am 12. 9. 1525 an Vogler, er habe Eberlin „mit fleyß gefurdert", der Rat sei jedoch nicht gewillt, einen neuen Prediger zu bestellen. Der Brief ist abgedruckt von August Schnizlein, in: BbKG, 22. Bd. (1916), S. 89.

Wenige Wochen später erhält Eberlin die erstrebte Anstellung beim Grafen Georg II. von Wertheim. Zeitgenössische Briefe bestätigen die allgemeine Annahme, daß er noch im Jahr 1525 in die mainfränkische Grafschaft Wertheim gekommen ist[4]. Aus Eberlins eigenen Angaben ist zu entnehmen, daß er schon im Dezember 1525 den Grafen Georg auf eine mehrwöchige Reise zum Augsburger Reichstag begleitet hat[5]. Danach läßt sich sein Eintreffen in Wertheim auf die Zeit zwischen September und Dezember 1525 festlegen. Eine genauere Zeitbestimmung erlaubt schließlich ein Brief Eberlins vom 6. Mai 1530[6]. Darin schreibt Eberlin, er sei von Graf Georg II. unter der Bedingung angenommen worden, daß sein Dienstverhältnis jeweils nur zum Ende eines Vierteljahres — gerechnet von seiner Anstellung — mit vierteljährlicher Kündigungsfrist gelöst werden könne. Sein derzeitiges Vierteljahr aber habe am 24. April 1530 angefangen. Damit steht fest, daß das erste Vierteljahr seiner Anstellung in Wertheim im Oktober 1525 begonnen hat.

Vieles spricht dafür, daß diese Berufung mit Hilfe der Verbindungen, die Eberlin während seines kurzen Aufenthalts in Ansbach knüpfen konnte, zustandegekommen ist. Bereits in seiner Bewerbung um die Rothenburger Pfarrstelle hatte sich Eberlin auf den Freiherrn Johann von Schwarzenberg und Hohenlandsberg[7], den Verfasser der Bamberger Halsgerichtsordnung und markgräflichen Landhofmeister, berufen[8]. Zwischen der brandenburgischen Regierung in Ansbach und den Grafen von Wertheim aber bestanden enge Kontakte, die sich auf eine einvernehmliche Zusammenarbeit im fränkischen Kreis und auf die persönlichen freundschaftlichen Beziehungen der Markgrafen Kasi-

[4] Max Radlkofer, Johann Eberlin von Günzburg und sein Vetter Hans Jakob Wehe von Leipheim, S. 522. Bernhard Riggenbach, Johann Eberlin von Günzburg und sein Reformprogramm, S. 246.

[5] Schreiben Eberlins vom 28. 7. 1531 an die markgräflichen Räte in Ansbach im Landeskirchlichen Archiv Nürnberg, Akten der Pfarrei Leutershausen, Nr. 518, Bd. I, S. 59. Schreiben des Grafen Georg II. vom 2. 12. 1525 an seinen Vater, Graf Michael II. von Wertheim; abgedruckt in: Joseph Aschbach, Geschichte der Grafen von Wertheim, 2. Teil, S. 323, 324. Eberlins Hinweis enthält zwar keine Jahresangabe. Es kann sich jedoch nur um den Augsburger Reichstag von 1525/26 handeln, da der nächste Reichstag zu Augsburg erst auf den 8. 4. 1530 einberufen und dann auch erst am 20. 6. 1530 eröffnet worden ist, Graf Georg II. aber bereits am 17. 4. 1530 gestorben ist. Vgl. Joseph Aschbach, Geschichte der Grafen von Wertheim, 1. Teil, S. 312. Karl E. Förstemann, Urkundenbuch zur Geschichte des Reichstages zu Augsburg im Jahr 1530, Bd. I, S. 7.

[6] Schreiben an Graf Michael II. von Wertheim im StA Wertheim, Abt. G, Nachträge Korrenspondenz Michael II., Nr. 145; abgedruckt von Otto Langguth, in: ARG, 33. Bd. (1936), S. 257, 258.

[7] Erik Wolf, Johann Freiherr von Schwarzenberg, in: Große Rechtsdenker der deutschen Geistesgeschichte, S. 116, 131.

[8] In seinem Schreiben vom 11. 9. 1525 (s. oben S. 34, Fußnote 1) bittet Eberlin um Antwort „hie her gen Anspach zu her Jorg Voglers oder In her hans von Schwarzenberg huß".

mir und Georg und Schwarzenbergs mit dem Grafen Georg II. gründeten. Außerdem war Georg II. ebenso wie Johann von Schwarzenberg und Vogler ein entschiedener Anhänger Luthers[9].

Nach dem Wormser Reichstag von 1521 hatte sich Graf Georg II. als einer der ersten Landesherrn offen zur Reformation bekannt und sie in seinem Territorium eingeführt. In Worms hatte er der Verhandlungskommission angehört, die sich noch nach Luthers Auftreten vor dem Reichstag um eine Einigung in der Religionsfrage bemüht hatte, um ein gänzliches Verbot der Reformation zu vermeiden[10]. Die Reformideen, für die er in der Folgezeit auf den Reichstagen und den Zusammenkünften der fränkischen Stände eintrat, setzte er in seiner Grafschaft in die Tat um[11]. Zielstrebig löste er sein Territorium aus dem Verband der alten Reichskirche und drängte die geistlichen Befugnisse, die dem Erzbischof von Mainz und dem Bischof von Würzburg in der Grafschaft Wertheim zustanden, Schritt um Schritt zurück[12]. Ab 1522 holte er reformatorisch gesinnte Prediger nach Wertheim und tat schließlich 1523 den entscheidenden Schritt, indem er, über sein Präsentationsrecht hinausgehend, die erledigte Pfarrpfründe an der Wertheimer Stiftskirche selbst besetzte[13]. Gegenüber den verbliebenen altgläubigen Geistlichen begnügte er sich — auf der Grundlage der im Reichsregiment für eine Übergangszeit zustandegekommenen Kompromißlösung — mit der Anweisung, das Evangelium künftig „lauter, rein und christlich" zu predigen[14]. Hinsichtlich der Religionsausübung selbst zeigte er sich tolerant, so daß in der Grafschaft eine starke altgläubige Minderheit erhalten blieb. Den ersten Prediger entließ er

---

[9] Joseph Aschbach, Geschichte der Grafen von Wertheim, Teil I, S. 310, 311. Johann B. Götz, Die Glaubensspaltung im Gebiete der Markgrafschaft Ansbach-Kulmbach in den Jahren 1520 - 1535, S. 21, 22. Friedrich Stein, Geschichte Frankens, Bd. II, S. 24.

[10] Karl F. Vierordt, Geschichte der evangelischen Kirche in dem Großherzogtum Baden, Bd. I, S. 134.

[11] Heinrich Neu, Geschichte der evangelischen Kirche in der Grafschaft Wertheim, S. 13.

[12] Die Grafschaft Wertheim nahm in der ostfränkischen Kirchenverfassung insoweit eine Sonderstellung ein, als ihr Klerus zum Teil dem Erzbistum Mainz, zum Teil dem Bistum Würzburg angehörte. Schon im ausgehenden 14. Jahrhundert versuchten die Grafen von Wertheim, die Geistlichen der Grafschaft durch sog. Treuebriefe stärker als üblich an ihre Landesherrschaft zu binden. Diese Treuebriefe kennzeichnen eine frühe Entwicklung zum landesherrlichen Kirchenregiment. Vgl. Wilhelm Engel, Spätmittelalterliche Treuebriefe des Wertheimer Klerus, in: ZRG (KA), 77. Bd. (1960), S. 303 - 305, 316.

[13] Matthias Simon, Zur Reformationsgeschichte der Grafschaft Wertheim, in: ZbKG, 29. Bd. (1960), S. 123 - 125.

[14] Leopold von Ranke, Geschichte im Zeitalter der Reformation, Bd. II, S. 48. Befehl Graf Georgs II. an die Pfarrer der Grafschaft Wertheim aus dem Jahr 1524 im sog. Braunbuch der Stadt Wertheim, StA Wertheim, Abt. S, Braunbuch, S. 79, 80.

sogar bereits nach einem knappen halben Jahr, weil er mit dessen stürmischem Vorgehen nicht einverstanden war und nicht einen „Gebieter“, sondern einen „Lehrer“ haben wollte[15].

Für diese Aufgabe freilich war Eberlin der geeignete Mann. Für ihn bot sich in Wertheim die Gelegenheit, die in seinen Flugschriften immer wieder geforderte, von jedem äußeren Zwang befreite und auf ihren religiösen Gehalt beschränkte Reformation durchzuführen. Über seine Stellung als Prediger und Pfarrer hinaus übte er die Funktion eines Superintendenten der Grafschaft aus. In dieser Eigenschaft wachte er streng über die Amtsführung der ihm unterstellten Geistlichen. Daß er dabei weitgehend freie Hand hatte, zeigt eine Mitteilung Eberlins an den Grafen, in der er die bereits selbständig vollzogene Absetzung eines Pfarrers lediglich anzeigt[16]. Auch die von Georg II. von einigen seiner Pfarrer geforderte Verantwortung über ihre Amtsausübung zeigt deutlich Eberlins Einfluß[17].

Neben seinen geistlichen Aufgaben hatte er aufgrund seines persönlichen Vertrauensverhältnisses zum regierenden Grafen Anteil auch am politischen Geschehen in der Grafschaft. Von Eberlins Hand ist ein Brief erhalten, in dem er, offensichtlich in einer höchst wichtigen Angelegenheit um Rat befragt, Graf Georg vor den Folgen eines geplanten, nicht näher bezeichneten Vorhabens eindringlich warnt[18]. Eberlin schreibt darin, er wollte lieber, daß „ander lewt solliche gfarliche bissige sachen handleten“. Zu befürchten seien weitere Verwicklungen mit dem Bischof von Würzburg. Zur Begründung verweist Eberlin auf die gefährliche Lage des Grafen während des Bauernkriegs[19]. Dieses Schreiben ist auch insoweit aufschlußreich, als es die engen persönlichen Beziehungen Eberlins zu Georg II. charakterisiert, wenn Eberlin z. B. schreibt, der Graf solle „keinen schreiber sollichs lassen aufzaichnen“,

---

[15] Fritz Kobe, Die Reformation in der Grafschaft Wertheim, S. 9.

[16] Undatiertes Schreiben Eberlins an den Grafen Georg II. im StA Wertheim, Abt. G, Bestand 52, Nr. 34; abgedruckt von Otto Langguth als Schreiben Nr. 3, in: ARG, 31. Bd. (1934), S. 235, 236.

[17] Vgl. das Schreiben an den Pfarrer von Hardheim vom 7. 3. 1529; abgedruckt von Matthias Simon, in: ZbKG, 29. Bd. (1960), S. 138 - 140.

[18] Undatiertes Schreiben Eberlins an den Grafen Georg II. im StA Wertheim, Abt. G, Bestand 52, Nr. 34; abgedruckt von Otto Langguth als Schreiben Nr. 2, in: ARG, 31. Bd. (1934), S. 235.

[19] Georg II. war in seiner Grafschaft von den heranrückenden Bauern, dem schwarzen und dem hellen Haufen, zunächst selbst bedroht und belagerte dann im Mai 1525 zusammen mit ihnen die dem Würzburger Bischof gehörende Festung Marienberg (Unserfrauenberg). Nur auf Fürsprache einflußreicher Freunde, vor allem des Markgrafen Kasimir von Brandenburg-Ansbach-Kulmbach, wurde er dafür nicht zur Verantwortung gezogen. Vgl. dazu Heinrich Bensen, Geschichte des Bauernkriegs in Ostfranken, S. 175, 252, 253. Carlheinz Gräter, Der Bauernkrieg in Franken, S. 76, 118. Rolf Kern, Die Beteiligung Georgs II. von Wertheim und seiner Grafschaft am Bauernkrieg, in: ZGORh, 55. Bd. (1901), S. 402, 403, 593 - 600.

sondern besser selbst schreiben. Er wollte schon „in myndern gschäften" nicht einmal mit seiner Frau darüber sprechen.

Ein weiterer indirekter Hinweis auf Eberlins Wirken in Wertheim findet sich schließlich in den gräflichen Verordnungen dieser Zeit, die sich mit der Testamentserrichtung, dem Weinkauf und dem Zutrinken, mit der Festlegung von Feiertagen und der Feiertagsarbeit, mit der Verschwendungssucht bei Hochzeiten und Taufen und mit sittenpolizeilichen Regelungen beschäftigen und viele Übereinstimmungen mit seinen Reformvorstellungen in früheren Flugschriften enthalten[20].

Die Anstellung in Wertheim bedeutet für Eberlin das Ende seiner späten Lehr- und Wanderzeit im Dienste der Reformation; das Ende auch seiner Flugschriftenagitation. Schon in Erfurt hatte er sich angesichts des ausbrechenden Bauernkriegs von der gewaltsamen Umsetzung seiner Reformideen in das politische Tagesgeschehen distanziert. Von der literarisch geführten Reformdiskussion, an der er sich jahrelang mit einer Flugschrift nach der anderen engagiert beteiligt hatte und die schließlich zum geistigen Rüstzeug der Bauernerhebung geworden war, hatte er sich seither zurückgezogen.

In dem kleinen überschaubaren Bereich der Grafschaft Wertheim beschränkte sich Eberlin vollends auf die ihm übertragenen praktischen Aufgaben. Daneben fand er Muße, seine klassischen Studien wieder aufzunehmen und sich mit den Werken antiker Schriftsteller zu beschäftigen. Auch seine schon früher, im 11. Bundesgenossen[21], nur kurz skizzierten Vorstellungen über die Hebung der allgemeinen Volksbildung durch ein Schulsystem im weiteren Sinn, das sowohl die Kinder- und Jugenderziehung als auch die Erwachsenenbildung umfassen sollte, arbeitete er weiter aus. Dagegen ist aus seiner Wertheimer Zeit nur noch eine — seine letzte — Flugschrift erhalten. Die ohne Zeit- und Ortsangabe erschienene Schrift ist zu Beginn des Jahres 1526 entstanden; und zwar entweder noch während der Augsburger Reise, auf der er Graf Georg II. begleitete, oder doch unter dem Eindruck dieser Reise nach seiner Rückkehr in Wertheim.

Die „Getreue Warnung an die Christen in der Burgauischen Mark"[22] ist seinen Landsleuten gewidmet, verbunden mit der eindringlichen Mahnung, nicht auf jene zu hören, die meinten, man solle sich durch „den verlust des vorigen iars nit lo͗sen abschrecken" und sich erneut erheben. Aufruhr sei ein ganz untaugliches Mittel, Frieden zu bekom-

[20] Max Radlkofer, Johann Eberlin von Günzburg und sein Vetter Hans Jakob Wehe von Leipheim, S. 563 m. w. N.

[21] Der .XI. bůdtgnoß, in: Enders Neudrucke, Bd. I, S. 121, 127, 130.

[22] Ein getrewe warnung an die Christen, in der Burgawischen marck, in: Enders Neudrucke, Bd. III, S. 253.

men. Aus der Gleichheit im christlichen Sinne könne nicht auf eine Gleichheit auch in weltlichen Dingen geschlossen werden. Eine solche vordergründige Gleichheit würde keinen Bestand haben. Es könne daher nicht angehen, daß sich der gemeine Mann unter dem Schein der evangelischen Lehre gegen die Obrigkeit rotte.

Diese, dem ersten Anschein nach sehr obrigkeitsfreundliche Schrift ist durchaus keine Unterstützung der bestehenden sozialen und politischen Verhältnisse seiner Zeit. Sie ist auch nicht, wie verschiedentlich angenommen wurde[23], als Bewerbungsschreiben konzipiert. Dazu bestand kein aktueller Anlaß, nachdem die erfolglose Bewerbung nach Rothenburg bereits mehrere Monate zurücklag und Eberlin in der Zwischenzeit in Wertheim einen neuen Wirkungskreis gefunden hatte. Dagegen weist der zeitliche Zusammenhang auf eine andere Verbindung.

Auffallenderweise hatte sich Eberlin bisher jeder Stellungnahme zum Bauernkrieg enthalten. Auffallend deshalb, weil er in den vergangenen Jahren aktuelle Ereignisse jeweils bereitwillig aufgegriffen und in spontan verfaßten Schriften behandelt hatte. Wiederholt waren Flugschriften Luthers der konkrete Anlaß dafür gewesen. Bezeichnenderweise fehlt jedoch eine auch nur annähernd so vernichtende und einseitige Verurteilung der Bauernerhebung durch Eberlin, wie sie Luthers Schrift „Wider die räuberischen und mörderischen Rotten der Bauern“[24] darstellt. Dennoch mußte sich auch Eberlin aus guten Gründen der Gedanke aufgedrängt haben, daß vor dem Hintergrund der Ereignisse im Bauernkrieg eine Erklärung und Rechtfertigung sowohl seiner eigenen Haltung als auch der in Mißkredit geratenen Reformation erforderlich sei. Unter der Fiktion, seine Landsleute vor — wenig wahrschenlichen — erneuten Unruhen zu warnen, ließ Eberlin seine Verteidigungsschrift veröffentlichen. Auslösendes Moment war mit Sicherheit die Reise nach Augsburg, die Graf Georg II. mit Eberlin um die Jahreswende 1525/26 unternahm, um sich auf dem dortigen Reichstag wegen seines Verhaltens im Bauernkrieg zu stellen[25].

---

[23] Max Radlkofer, Johann Eberlin von Gürzburg und sein Vetter Hans Jakob Wehe von Leipheim, S. 530. Helmut Weidhase, Kunst und Sprache im Spiegel der reformatorischen und humanistischen Schriften Johann Eberlins von Günzburg, S. 173, 174 Anm. 2.

[24] Luthers Werke (WA), Bd. XVIII, S. 357.

[25] Mit Hilfe des Erzherzogs Ferdinand von Österreich wurde das mit der Anklageschrift des kaiserlichen Fiskals Dr. Kaspar Mart vom 27. 9. 1525 vor dem Reichskammergericht gegen Georg II. eingeleitete Verfahren verzögert, um dem Grafen Gelegenheit zu geben, sich auf dem kommenden Reichstag zu Augsburg zu verteidigen. Im Februar 1526 wurde das Verfahren schließlich ganz eingestellt. Vgl. dazu Ferdinand Fr. Oechsle, Beiträge zur Geschichte des Bauernkrieges in den schwäbisch-fränkischen Grenzlanden, S. 374 Anm. 2. Rolf Kern, Die Beteiligung Georgs II. von Wertheim und seiner Grafschaft am Bauernkrieg, in: ZGORh, 55. Bd. (1901), S. 594 - 601.

Zwar konnte Eberlin zu Recht darauf hinweisen, daß er nie „zum Aufruhr gepfiffen“ hatte[26]. Und in der Tat waren seine engagierten, literarisch geführten Angriffe gegen die Mißstände in Reich und Kirche einerseits und die tatsächliche Verwirklichung seiner Reformvorschläge andererseits für ihn immer zwei verschiedene Dinge gewesen. Gewaltsame Veränderungen zu fordern oder gar auszulösen, lag ihm fern. Der Erkenntnis über die tatsächlichen Wirkungen seiner Flugschriften konnte er sich jedoch nicht verschließen; zumal er selbst warnte, daß „der gemeine Haufen bald aufzubringen, aber schwerlich zu stillen“ sei[27]. Naheliegend war auch, daß bei der gegenseitigen Durchdringung von Reich und Kirche eine grundlegende Reform sich nicht auf den kirchlichen Bereich allein beschränken konnte. Die Reformation als religiöse Bewegung wurde für die Bauern deshalb zum Ansatzpunkt einer auch politisch gedachten Befreiung[28]. Für diese enge Verbindung zwischen Reformation und Bauernkrieg steht das Beispiel Thomas Müntzers und vieler anderer Reformatoren, u. a. auch Eberlins Vetter Hans Jakob Wehe, der wegen seiner Teilnahme am Aufstand des Leipheimer Haufens hingerichtet wurde[29].

Demgegenüber versucht Eberlin die Reformation vom weltlichen Bereich zu trennen. Um sie von dem Vorwurf der Aufwiegelung und Unruhestiftung zu befreien, betont er stärker noch als bisher ihren rein religiösen Aspekt. Die Reformation habe eher dämpfend gewirkt. Denn hätte sich der Aufruhr des „vergangenen Sommers“ vor der Offenbarung des Evangeliums erhoben, so wäre es drunter und drüber gegangen. Es sei wohl ein Wunder, daß die Aufständischen, nachdem ihnen vorher von vielen „ungeschlachten Herren“ großer Schaden zugefügt worden sei, selbst nicht mehr angerichtet hätten[30].

Seinen Plan, den Vorgängen während des Bauernkriegs eine weitere Flugschrift zu widmen, verwirklicht er nicht mehr[31]. Doch noch einmal hält er seiner Zeit den Spiegel vor; und zwar in einer unverfänglichen, von den aktuellen Zeitumständen losgelösten Art und Weise, indem er

---

[26] Ein getrewe warnung an die Christen, in der Burgawischen marck, in: Enders Neudrucke, Bd. III, S. 260.

[27] Ein getrewe warnung an die Christen, in der Burgawischen marck, a.a.O., S. 285.

[28] Paul Althaus, Luthers Haltung im Bauernkrieg, S. 12. Günther Franz, Der deutsche Bauernkrieg, S. 299. Karl Hagen, Deutschlands literarische und religiöse Verhältnisse im Reformationszeitalter, Bd. II, S. 320. Wilhelm Stolze, Bauernkrieg und Reformation, S. 113, 114.

[29] Max Radlkofer, Johann Eberlin von Günzberg und sein Vetter Hans Jakob Wehe von Leipheim, S. 431, 435.

[30] Ein getrewe warnung an die Christen, in der Burgawischen marck, in: Enders Neudrucke, Bd. III, S. 271.

[31] Ein getrewe warnung an die Christen, in der Burgawischen marck, a.a.O., S. 257.

die Germania des Tacitus ins Deutsche überträgt. Diese, dem Grafen Georg II. „auff kiliani" — das ist der 8. Juli — 1526 übergebene Handschrift[32] ist keine Übersetzung im eigentlichen Sinn. Im Interesse eines möglichst großen belehrenden und erzieherischen Effekts hat Eberlin sowohl Kürzungen vorgenommen als auch Zusätze aus Werken anderer Schriftsteller aufgenommen, verschiedene Textstellen zudem noch durch erläuternde Randbemerkungen hervorgehoben[33].

Der lehrhaften Unterweisung dienen ferner zwei weitere handschriftliche Abhandlungen. Die eine Schrift aus dem Jahr 1527[34] befaßt sich speziell mit der Ausbildung des Adels zur Vorbereitung auf Herrschafts- und Regierungsaufgaben und ist dem Grafen Georg II. gewidmet. Die andere Schrift[35] beschäftigt sich neben der Kindererziehung auch mit der Erwachsenenbildung, die insbesondere ausreichende Rechtskenntnisse einschließen soll. Beide Handschriften enthalten weniger theoretische Forderungen als vielmehr praktische Anleitungen für ganz konkrete Lebens- und Aufgabenbereiche.

Insgesamt bedeutet die Wertheimer Zeit für Eberlin eine fruchtbare Verbindung zwischen weitausholender Reformidee und praktischer Reformarbeit im kleinen. Während er dabei einerseits der Unterstützung des Grafen sicher sein konnte, muß es andererseits mit dem Rat und der Bürgerschaft der Stadt zu Spannungen gekommen sein[36]. In zwei zeitgenössischen Briefen wird Klage darüber geführt, daß Eberlin in seiner Amtsführung zu hart durchgegriffen und „den burgern nicht sonder lieb gethan" habe[37]. Hinzu kommt, daß infolge der ungeklärten Reli-

---

[32] Ein zamengelesen buchlin von der Teutschen Nation gelegenheit, Sitten vnd gebrauche, Durch Cornelium Tacitum vnd etliche andere verzeichnet. Die Handschrift ist erhalten im StA Wertheim, Abt. G, Eberlin-Manuskripte; abgedruckt von Max Radlkofer, in: BBG, 23. Bd. (1887), S. 1 - 16.

[33] Die Einleitung deutet bereits den verfolgten Zweck an: „Es ist schimpflich, das ain Teutscher Man so gar nichts wisse von seyner Nation zu sagen vnd gedencken, dar vmb thue ain ieglicher fleyss, diser loblichen Nation anfang, furgang, Redliche handlungen vnd zufällige schäden, auch wider were an tag zu bringen, andern zur vnderweisung vnd warnung."

[34] Ein furschlag, wie ain guthertziger verstandiger herr oder vatter seinen Sun solle zur schule dem Maister befelhen. Die Handschrift ist erhalten im StA Wertheim, Abt. G, Eberlin-Manuskripte; auszugsweise abgedruckt, in: Max Radlkofer, Johann Eberlin von Günzburg und sein Vetter Hans Jakob Wehe von Leipheim, S. 546 - 559.

[35] Von Underweysung der Kinder. Die Schrift ist erhalten im StA Wertheim, Abt. G, Bestand 57, Schulsachen 34; abgedruckt von Otto Langguth, in: ARG, 31. Bd. (1934), S. 237 - 239.

[36] So mußte Georg II. einen Teil seiner strengen sittenpolizeilichen Verordnungen in einer „Mäßigung" zurücknehmen. Vgl. dazu Alexander Kaufmann, Nachgelassene Schriften des Reformators Johann Eberlin von Günzburg, in: AHV Unterfr. u. Aschaffbg., 20. Bd. (1870), S. 2, 3.

[37] Schreiben des Rates und des Amtmanns von Wertheim jeweils vom 14. 12. 1531 an den Kastner von Leutershausen, Veit Gattenhofen; abgedruckt von Karl Schornbaum, in: BbKG, 11. Bd. (1905), S. 91, 92.

gionsverhältnisse die Durchführung der Reformation in der Grafschaft Wertheim noch keineswegs gesichert ist. Als Graf Georg II. am 17. April 1530 stirbt, wird Eberlins Stellung in Wertheim schwierig. Schon die von ihm eine Woche später gehaltene Leichenpredigt, in der er besonders die sozialen und reformatorischen Verdienste des verstorbenen Grafen hervorhebt und die Fortführung der bisherigen Kirchenpolitik beschwört, nimmt am Ende einen „geharnischten Charakter" an[38]. Kurze Zeit später, am 6. Mai 1530, wird Eberlin entlassen und aus der Grafschaft ausgewiesen[39].

Zwar findet er sofort Aufnahme in der Markgrafschaft Brandenburg-Ansbach-Kulmbach. Als er jedoch am 18. Oktober 1530 die Pfarrstelle in Leutershausen bei Ansbach antritt, ist er bereits ein kranker und gebrochener Mann[40]. In der Gemeinde, die seinen abgesetzten Amtsvorgänger weiterhin unterstützt, stößt er auf feindselige Ablehnung. Auch hier werden bald Klagen laut über scharfe Predigten, in denen er die Gemeinde schmähe, und über eine zu strenge Kirchenzucht. Durch die Beibehaltung einzelner altkirchlicher Gebräuche gerät er sogar in den Verdacht, der alten Lehre wieder anzuhängen. Dazu kommt, daß er durch ein immer stärker auftretendes Gichtleiden gehindert wird, seine geistlichen Aufgaben voll wahrzunehmen. So wird er schließlich zum ständigen Ärgernis und Gespött seiner Gemeinde. In kleinlichen Streitigkeiten mit dem Kastner und dem Amtmann von Leutershausen und mit der Abfassung nutzloser Verteidigungsschreiben und Gegendarstellungen an die markgräfliche Regierung in Ansbach erschöpft sich die Lebenskraft des nun gut siebzigjährigen Eberlin. Sein genaues Todesdatum ist nicht bekannt. Aufgrund der Datierung zweier zeitgenössischer Briefe kann es für die Zeit zwischen dem 20. Juli und dem 13. Oktober 1533 angesetzt werden[41].

---

[38] Alexander Kaufmann, Nachgelassene Schriften des Reformators Johann Eberlin von Günzburg, in: AHV Unterfr. u. Aschaffbg., 20. Bd. (1870), S. 3. Die Predigt selbst ist im Anhang dazu, auf S. 4 - 27, abgedruckt. Eine zeitgenössische Niederschrift der Predigt ist erhalten im StA Wertheim, Abt. S, Braunbuch, S. 425 - 446.

[39] Otto Langguth, Eberlin von Günzburg, in: ARG, 33. Bd. (1936), S. 256.

[40] Karl Schornbaum, Leutershausen bei Beginn der Reformationszeit und das Ende Eberlins von Günzburg, in: BbKG, 11. Bd. (1905), S. 15, 17, 25, 29.

[41] Matthias Simon, Zur Geschichte der Kirchenbücher, in: ZbKG, 36. Bd. (1967), S. 99, 100. Karl Schornbaum, Leutershausen bei Beginn der Reformationszeit und das Ende Eberlins von Günzburg, in: BbKG, 11. Bd. (1905), S. 80.

## B. Das Werk Eberlins

### I. Art und Form

Eberlins Werk fällt in die große Zeit der Flugschriftenliteratur, die damals — etwa von Luthers erstem Auftreten an bis zum Ende des Bauernkriegs — ihre Hochblüte erlebte[1]. Dabei umfaßt sein für die große Öffentlichkeit bestimmtes literarisches Schaffen einen relativ kurzen Zeitraum. In nur fünf Jahren, beginnend mit seiner Vertreibung aus dem Ulmer Kloster im Jahr 1521, wirft er eine Flugschrift nach der anderen in die Reformdiskussion. Insgesamt sind von Eberlin zweiundzwanzig Druckschriften erhalten, die ihm mit Bestimmtheit zugerechnet werden können[2]. Anzeichen deuten darauf hin, daß mindestens eine weitere, den deutschen Bischöfen gewidmete Schrift, die sich kritisch mit dem Zölibat auseinandersetzt, ergangen, aber heute nicht mehr auffindbar ist[3]. Zweifelhaft ist weiter, ob nicht die eine oder andere der vielen nicht eindeutig zurechenbaren anonymen Flugschriften jener Zeit aus Eberlins Feder stammt. Insbesondere von drei Schriften aus den Jahren 1520 - 1525 wird vermutet, daß Eberlin der Verfasser sei[4]. Und tatsächlich weisen sie sowohl thematisch als auch stilistisch Anklänge an Eberlins bekannte Flugschriften auf. Vor allem die Verwendung ausgefallener Begriffe und Wortverbindungen und die mit

---

1 Susanne Ritter, Die kirchenkritische Tendenz in den deutschsprachigen Flugschriften der frühen Reformationszeit, S. 27.

2 Vgl. die Zusammenstellung im Anhang unter D.

3 In seiner Flugschrift „Wie gar gfarlich sey. So ein Priester kein Eeweyb hat", in: Enders Neudrucke, Bd. II, S. 21, 31, erwähnt Eberlin eine „kindliche und freundliche Ermahnung an die deutschen Bischöfe", vgl. oben S. 21, 22.

4 Sendtbrieff an Pfarrer von Hohensynn. Doctor Martini Luthers Leer betreffennde. Oder eynem Jedē Prelatischen Pfarrer seynes vatterlandts. Vgl. Alfred Götze, Ein Sendbrief Eberlins von Günzburg, in: ZdPh, 36. Bd. (1904), S. 145. Das die Priester Eeweyber nemen mögen und sollen. Beschutz red, des wůrdigen herren Bartolomei Bernhardi, probsts zů Camberg, so von bischoff von Meydburg gefordert, anwurt zů geben, das er in priesterlichem standt, eyn iungkfrauw zů der Ee genommen hatt. Vgl. Enders Neudrucke, Bd. III, Vorwort S. XXXIII. Klag vnd antwort von Lutherischen vñ Bepstischenn pfaffen vber die Reformaciō so neulich zu Regenspurg der priester halben außgangē ist im Jar MDXXiiij. Vgl. August Baur, Rezension zu Enders Neudrucke, in: GgA, 159. Bd. (1897), S. 4. Enders Neudrucke, Bd. III, Vorwort S. XXXIII, XXXIV. Alfred Götze, Urban Rhegius als Satiriker, in: ZdPh, 37. Bd. (1905), S. 66.

viel dialektischem Witz vorgetragene Argumentationsweise verstärken diesen Eindruck[5].

Dennoch erscheinen die zweifellos vorhandenen Übereinstimmungen nicht ausreichend für eine sichere Zurechnung. Die gesamte Reformliteratur zeigt, da sie eine im Volk bereits vorhandene Grundstimmung nur aufzugreifen und allenfalls bewußt zu machen brauchte, wenig differierende Züge. Es ging immer wieder um dieselben Mißstände, Klagen und Reformforderungen, um eine immer dringlicher erscheinende grundlegende Erneuerung von Reich und Kirche. Inhaltliche Übereinstimmungen in den einzelnen Flugschriften ergaben sich dadurch zwangsläufig.

Ein weiterer Grund für auffallende Parallelen ist in der prägenden Wirkung der Schriften einzelner herausragender Gestalten der Reformdiskussion, wie z. B. Luther, Hutten und nicht zuletzt auch Eberlin selbst, zu sehen. Unbefangen wurden witzige und satirische Einfälle nachgeahmt, überzeugende Argumente und treffende Beispiele zum Teil wörtlich übernommen. Auch Eberlin stand zu Beginn seiner schriftstellerischen Tätigkeit zunächst so stark unter dem Einfluß Huttens, daß die Fünfzehn Bundesgenossen fälschlicherweise Hutten selbst zugerechnet wurden[6]. Somit ergibt sich, daß die Frage nach Eberlins Autorenschaft hinsichtlich der drei Flugschriften offen bleiben muß und — gerade wegen der gegebenen Übereinstimmungen — auch bleiben kann, ohne daß dadurch die Gesamtbetrachtung seines Reformprogramms beeinflußt wird.

Der Schlüssel zu seinem Werk sind die Fünfzehn Bundesgenossen. Sie enthalten bereits, zumindest ansatzweise, sein gesamtes Reformkonzept. Die nachfolgenden kleineren, zum Teil nur wenige Quartbogen umfassenden Druckschriften behandeln im wesentlichen nur ergänzend und vertiefend Teilaspekte der geforderten Reform.

Eberlins Flugschriften sind vielfach als gedruckte Predigten charakterisiert worden[7]. Das gilt zunächst, und ist aus inhaltlichen Gründen auch naheliegend, für seine theologischen Schriften. Darüber hinaus finden sich beliebte Stilmittel der Predigt auch in anderen Flugschriften[8]. In Form der These und Antithese vergleicht Eberlin die bestehenden Zustände in Reich und Kirche mit den idealisierten Verhältnissen

---

[5] Alfred Götze, Ein Sendbrief Eberlins von Günzburg, in: ZdPh, 36. Bd. (1904), S. 145. Derselbe, Urban Rhegius als Satiriker, in: ZdPh, 37. Bd. (1905), S. 66, 68.

[6] Hans-Herbert Ahrens, Die religiösen, nationalen und sozialen Gedanken Johann Eberlin von Günzburgs, S. 37. Bernhard Riggenbach, Johann Eberlin von Günzburg und sein Reformprogramm, S. 21.

[7] Kurt Stöckl, Untersuchungen zu Johann Eberlin von Günzburg, S. 19.

[8] Kurt Stöckl, a.a.O., S. 33 - 37.

der Vergangenheit und mißt sie an seinen Reformforderungen. Durch rhetorische Fragen versucht er, seine Leser direkt anzusprechen, indem er ihnen die erwarteten Antworten förmlich in den Mund legt. Häufige Wiederholungen unterstreichen die Kernpunkte seiner Argumentation. Dabei versteht es Eberlin meisterhaft, durch satirische Wortspielereien und einfaltsreiche Variationen ein und desselben Themas den Eindruck massiver Belehrung zu verwischen[9].

Bereits als Franziskanerprediger hatte Eberlin die Wirkung seiner volkstümlichen Beredsamkeit erkannt[10]. Auch in seinen auf möglichst große Breitenwirkung angelegten Kampf- und Streitschriften setzte er sie bewußt als Mittel der Agitation und der Überzeugung ein. Dabei verfiel er jedoch nicht in den Fehler anderer gelehrter Verfasser, die eine gekünstelte Volkstümlichkeit „bis zur Manieriertheit übertrieben"[11].

Eberlins Flugschriften sind echte Volksschriften, geschrieben aus der Sicht des Volkes und für das Volk. In ihnen kommt der gemeine Mann zu Wort, in seiner konkreten Situation als Bauer, Handwerker, Landsknecht und Landfahrer. Gehör finden auch die Klagen des niederen Adels, der sich in seiner Aufgaben- und Funktionslosigkeit vom aufstrebenden Bürgertum, von den Kaufleuten und großen Handelsgesellschaften, überflügelt sieht[12]. Selbst Geistliche, Weltpriester wie Ordensangehörige, treten als Opfer und Ankläger kirchlicher Mißstände auf. Eberlin läßt sie für sich selbst sprechen. Großenteils tritt er als Verfasser ganz in den Hintergrund. Dementsprechend sind es vor allem die politischen und sozialen Schriften, die er anonym veröffentlicht[13].

Eberlin spricht die Sprache des einfachen Mannes aus dem Volk. Alle seine Flugschriften sind deutsch geschrieben, in dem sich damals ausbildenden Neuhochdeutsch, vermischt mit Begriffen seiner heimischen schwäbischen Mundart[14]. Er verwendet gern anschauliche Bilder

---

[9] Helmut Weidhase, Kunst und Sprache im Spiegel der reformatorischen und humanistischen Schriften Johann Eberlins von Günzburg, S. 46.

[10] In der Flugschrift „Syben frum̄ aber trostloß pfaffen klagen ire not", in: Enders Neudrucke, Bd. II, S. 71, läßt Eberlin von sich sagen: „... wenn man jm nit weret, er verfüret ein gantz land mit predigen, also gern hőrt man jm zů."

[11] Gottfried Niemann, Die Dialogliteratur der Reformationszeit nach ihrer Entstehung und Entwicklung, S. 53.

[12] Willy Andreas, Deutschland vor der Reformation, S. 276: „Die kriegerisch-ritterliche Lebensordnung des Mittelalters lag im Sterben."

[13] Beweggrund für die anonyme Veröffentlichung solcher Schriften war nicht allein eine berechtigte Vorsicht des Autors, sondern ebenso das Bestreben, die Sache nicht mit Persönlichem zu belasten. Vgl. Susanne Ritter, Die kirchenkritische Tendenz in den deutschsprachigen Flugschriften der frühen Reformationszeit, S. 51. Ebenso Fritz Behrend, Die literarische Form der Flugschriften, in: ZfB, 34. Bd. (1917), S. 24: „Wer im 16. Jhdt. zur Masse des Volkes redete, vergaß sich als Persönlichkeit und tauchte in der Masse unter."

[14] Kurt Stöckl, Untersuchungen zu Johann Eberlin von Günzburg, S. 11, 12.

und Beispiele aus dem Alltagsleben, vor allem aus dem bäuerlichen Bereich. Eine mitunter derbe Ausdrucksweise, handfeste Polemik und selbst gelegentliche Übertreibungen unterstreichen das volkstümliche Moment in seinen Schriften.

Diese Volksnähe hat zweifellos zur raschen Verbreitung seiner Ideen und Reformvorstellungen beigetragen, erklärt allein jedoch nicht den bleibenden Erfolg, der in wiederholten Nachdrucken seiner Flugschriften zum Ausdruck kommt[15]. Eberlin war weder der spontane und unsystematische Tagesschreiber, als der er verschiedentlich angesehen wurde, noch einer jener Publizisten, die um des einfachen Lesers willen auf Gründlichkeit und Tiefe verzichteten[16]. Vielmehr zeigt sich neben den auf breite Publikumswirkung berechneten Stilmitteln von Anfang an die Arbeitsweise des humanistisch gebildeten Gelehrten. Seine Schriften sind sowohl hinsichtlich der äußeren Form als auch in ihrem inneren Aufbau planvoll gestaltet.

Einer weitverbreiteten Übung seiner Zeit folgend, sind vielen seiner Schriften wohlgesetzte Widmungen vorangestellt; so die Ansprachen an den Rat und die Bürgerschaft von Ulm und Rheinfelden, an die Christen in Augsburg, Erfurt und der Burgauischen Mark, an die Stände der deutschen Nation und vor allem der in feierlichem Kanzleistil gehaltene Appell an Kaiser Karl V. in der Einleitung zu den Fünfzehn Bundesgenossen[17].

Aufbau und Zitierweise zeigen deutlich Eberlins Bindung an die überkommene mittelalterliche Lehrrhetorik, wenn auch das zugrundeliegende Ordnungsschema nicht in allen Schriften gleich streng durchgehalten wird[18]. Je nach Zweck, Adressat und aktueller Situation, aus der heraus die einzelnen Flugschriften entstanden sind, ergeben sich hierbei Unterschiede. Der Druck, unter dem Eberlin zur Zeit der Abfassung seiner ersten Schriften stand, konnte nicht ohne Einfluß auf deren Form und Stil bleiben. Eberlin war durch den Bruch mit seinem

---

[15] Vgl. die Übersicht in Enders Neudrucke, Bd. I, Einleitung S. V, VI; Bd. III, Vorwort S. VIII - XXVII.

[16] Wilhelm Lucke, Die Entstehung der „15 Bundesgenossen" des Johann Eberlin von Günzburg, S. 2. Helmut Weidhase, Kunst und Sprache im Spiegel der reformatorischen und humanistischen Schriften Johann Eberlins von Günzburg, S. 195, 201, 203. A. A. dagegen Johann H. Schmidt, „Die 15 Bundesgenossen" des Johann Eberlin von Günzburg, S. 14.

[17] Theodor Legge, Flug- und Streitschriften der Reformationszeit in Westfalen, Vorbemerkung S. XV: „Es gab kaum einen geistlichen oder weltlichen Fürsten, kaum einen Magistrat einer bedeutenderen Stadt, dem man nicht Flugschriften gewidmet hätte."

[18] Max Radlkofer, Johann Eberlin von Günzburg und sein Vetter Hans Jakob Wehe von Leipheim, S. 36. Helmut Weidhase, Kunst und Sprache im Spiegel der reformatorischen und humanistischen Schriften Johann Eberlins von Günzburg, S. 192.

Orden in eine persönliche Krise geraten. Eine zum Teil sprunghafte Gedankenführung und manche Flüchtigkeit in der Ausarbeitung seiner Reformideen sind auf die Erregung und Erbitterung Eberlins über die Ulmer Vorgänge zurückzuführen. Demgegenüber sind seine späteren Schriften straffer gegliedert und systematischer aufgebaut.

Soweit dies möglich ist, ohne die auf den Augenblick berechnete Wirkung der Flugschriften zu beeinträchtigen[19], begründet Eberlin seine Forderungen und Reformvorschläge mit umfangreichen Belegen aus der Geschichte. Ergänzt wird diese auf dem humanistischen „ad fontes"-Prinzip beruhende historische Argumentation unter dem Eindruck der beginnenden Reformation immer mehr auch durch Zitate aus der Heiligen Schrift, insbesondere aus dem Neuen Testament[20]. Hinweise auf die Werke antiker Schriftsteller finden sich schließlich in großer Zahl in der Germania-Übersetzung und in den wenigen noch folgenden Lehrschriften[21].

## II. Die Reformvorschläge im einzelnen

### 1. Reformentwicklung

Die Flugschriftenliteratur, die mit der beginnenden Reformation sprunghaft angestiegen und nach dem Ende des Bauernkriegs ebenso schnell wieder zurückgegangen ist, hat in wenigen Jahren zu einem Höhepunkt der Reformdiskussion geführt[1]. Sie hat in einer Zeit, in der die Frage nach der Organisationsform des Reichs immer deutlicher zugunsten der aufstrebenden Landesherrschaften entschieden wurde, an die großen Reformbestrebungen des 15. Jahrhunderts angeknüpft, zum Teil auf noch weiter zurückliegende Reformvorstellungen zurückgegriffen.

Reform in dem hier verwendeten Sinn ist zu verstehen als die gleichzeitige Erneuerung von Reich und Kirche. Die enge Verbindung und gegenseitige Durchdringung des weltlichen und kirchlichen Bereichs entsprach durchaus noch der überkommenen mittelalterlichen Anschauung vom Wesen des „Heiligen Römischen Reiches", das seit dem 15. Jahrhundert genauer als das Reich der „deutschen Nation" bezeich-

---

[19] Dieses spezifische Erfordernis der Flugschriftenliteratur übersieht Johann H. Schmidt, „Die 15 Bundesgenossen" des Johann Eberlin von Günzburg, S. 14, bei seiner Kritik, Eberlin habe seine Vorstellungen zu wenig begründet.

[20] Susanne Ritter, Die kirchenkritische Tendenz in den deutschsprachigen Flugschriften der frühen Reformationszeit, S. 53.

[21] Vgl. dazu die grundlegenden Untersuchungen von Helmut Weidhase, Kunst und Sprache im Spiegel der reformatorischen und humanistischen Schriften Johann Eberlins von Günzburg, S. 128, 129, 148, 188.

[1] August Baur, Deutschland in den Jahren 1517 - 1525, S. 11.

net wurde[2]. Das Reich war zu keiner Zeit nur eine weltliche, von den Römern und Griechen auf die Deutschen übergegangene Institution. Es war stets auch das „Imperium Christianum", das universale christliche Reich, das nach christlicher Überlieferung eine heilsgeschichtliche Aufgabe zu erfüllen hatte[3]. Gerade diese heilsgeschichtliche Bedeutung des Reichs spielt eine große Rolle in den Reformschriften des 15. und 16. Jahrhunderts, in denen unter dem Eindruck einer weit verbreiteten Endzeitstimmung warnend darauf hingewiesen wird, daß mit dem Untergang des Reiches auch das vorausgesagte Auftreten des Antichrists unmittelbar bevorstehe[4].

Eine Erneuerung von Reich und Kirche durch eine Reform „an Haupt und Gliedern", wie die griffige Formel lautete, war durchaus nicht als Bruch mit dem Althergebrachten gedacht. Reform in diesem Sinn bedeutete zunächst und vor allem eine Rückbesinnung auf die als gut und rechtmäßig empfundene alte Ordnung, die nur zeitweise verlorengegangen und nun wiederherzustellen war. Erst im Zuge des Bauernkriegs tauchten auch vereinzelt umstürzlerische Tendenzen auf, die über die allgemeinen und im wesentlichen vergangenheitsorientierten Reformbestrebungen hinausgingen und auf eine völlig neue Verfassungs- und Rechtsordnung abzielten[5]. Dennoch ist die Wertung des Reformbegriffes in seiner ursprünglichen Bedeutung als einer wörtlich zu nehmenden „re-formatio" nur bedingt richtig; und zwar in dem Sinn, wie er dem statischen mittelalterlichen Legalitätsbedürfnis und -empfinden entsprach. Diesem allgemeinen Festhalten an Tradition und Rechtsüberlieferung ist es zu verdanken, daß das Reich über die vielen Zerreißproben, die der Dualismus zwischen Kaiser- und Papsttum, das Interregnum, die Interessengegensätze zwischen Königtum und Fürsten und schließlich die Konfessionsspaltung mit sich brachten, nicht

[2] Willy Andreas, Deutschland vor der Reformation, S. 209. Karl G. Hugelmann, Stämme, Nationen und Nationalstaat im Deutschen Mittelalter, Bd. I, S. 401, 404. Hans Sigrist, Reichsreform und Schwabenkrieg, in: SchwBAG, 5. Bd. (1947), S. 115. Rudolf Stadelmann, Das Zeitalter der Reformation, S. 9: „Die Landfriedensordnung von 1486 fand dafür den weltgeschichtlichen Titel „Römisches Reich deutscher Nation", der seit dem Kölner Reichsabschied von 1512 meist in der volleren Form „Heiliges Römisches Reich deutscher Nation" gebräuchlich ist."

[3] Hermann Conrad, Deutsche Rechtsgeschichte, Bd. I, S. 184, 233, 234. Werner Goez, Translatio Imperii. Ein Beitrag zur Geschichte des Geschichtsdenkens und der politischen Theorien im Mittelalter und in der frühen Neuzeit, S. 226 ff. Hans Sigrist, Reichsreform und Schwabenkrieg, S. 115. Erik Wolf, Idee und Wirklichkeit des Reiches im deutschen Rechtsdenken des 16. und 17. Jahrhunderts, S. 52.

[4] Rudolf Stadelmann, Das Zeitalter der Reformation, S. 8.

[5] Heinz Angermeier, Begriff und Inhalt der Reichsreform, in: ZRG (GA), 75. Bd. (1958), S. 182 - 184. Konrad Burdach, Reformation, Renaissance, Humanismus, S. 132: „Reformatio bezeichnet die Umwandlung in den früheren Zustand, die Wiedergeburt."

auseinandergefallen ist und selbst den voll ausgebildeten Landesherrschaften noch jahrhundertelang eine gemeinschaftliche Organisationsform geboten hat[6].

Der zeitgenössische mittelalterliche Reformbegriff verstellt jedoch den Blick auf die tatsächliche Entwicklung, die das Reich seit seiner Gründung genommen hatte. Die Ottonische Reichsverfassung ist frühzeitig durch den Gegensatz zwischen Kaiser- und Papsttum gesprengt worden. Die enge Verbindung der weltlichen mit der kirchlichen Gewalt, die ursprünglich als stabilisierendes Moment des Reichsaufbaus eine Ordnungsfunktion zu erfüllen hatte, war unter veränderten Verhältnissen Ursache der Unordnung geworden[7]. Eine Konsolidierung des Reichs im Sinne eines straff organisierten Staatswesens auf der Grundlage der Ottonischen Reichsgründung hätte die dauernde Verbindung von Imperium und Sacerdotium, zumindest aber die unangefochtene und ungeteilte Herrschaft des Kaisers über die geistlichen Fürsten des Reichs vorausgesetzt. Beide Bedingungen waren spätestens am Ende des Investiturstreits nicht mehr gegeben[8]. Mit der Verselbständigung des Papsttums scheiterte nicht nur die abendländische Vormachtstellung des christlich-universalen deutschen Kaisertums. Belastet mit der weiterhin lebendigen Kaiseridee, scheiterte auch das deutsche Königtum, dem Reich in einem engeren nationalen Rahmen eine eigene staatliche Organisation zu schaffen[9]. Träger der Staatlichkeit wurden damit zwangsläufig die Fürsten, weltliche wie geistliche, die ihre Territorialgewalt zur Landesherrschaft ausbauen konnten.

Es erscheint nicht richtig, die mittelalterliche Reichsgeschichte als eine ständige Fehlentwicklung von der Einheit zu einer immer größeren Zersplitterung anzusehen, die durch eine ganz bestimmte Reform, durch eine einfache „re-formatio“ hätte korrigiert werden können und müssen. Die verschiedenen Möglichkeiten einer Reichsorganisation, zwischen denen sich die spätere Entwicklung bewegte, waren von Anfang an an-

---

[6] Adolf Laufs, Rechtsentwicklungen in Deutschland, S. 65.

[7] Dazu Eberlin in seiner Flugschrift „Mich wundert das kein gelt ihm land ist“, in: Enders Neudrucke, Bd. III, S. 153, 154: „Die alten Keyßer setzten pfaffen vber land vnd leuth, zu besserem regiment furen.“ Ähnlich dachte Cusanus über die Zielsetzung der Einheit von Reich und Kirche, vgl. Elisabeth Bohnenstädt, Kirche und Reich im Schrifttum des Nikolaus von Cues, S. 91: „Der Kaiser glaubte, daß solche Verleihung weltlicher Macht an die Kirche sich höchst nutzbringend erweise, daß dadurch das Reich um so mehr in Ruhe und Frieden gehalten sei. In der Tat schien die Macht des Reiches um Vieles größer zu werden.“ Walter Holtzmann, Das mittelalterliche Imperium und die werdenden Nationen, S. 7, 27.

[8] Karl Bosl, Staat, Gesellschaft, Wirtschaft im deutschen Mittelalter, S. 764. Hermann Conrad, Deutsche Rechtsgeschichte, Bd. I, S. 231. Karl Jordan, Investiturstreit und frühe Stauferzeit (1056 - 1197), S. 323, 341.

[9] Gerhard Ritter, Die Weltwirkung der Reformation, S. 150.

gelegt. Zum einen hatten die deutschen Könige und Kaiser nie eine solche absolute Stellung im Reichsaufbau, die sie befähigt hätte, den Adel, vor allem die mächtigeren Reichsfürsten, unumschränkt zu beherrschen. Schon die Ottonen suchten und fanden zunächst auch die Unterstützung des Papstes und der Reichskirche. Zum anderen strebten die Fürsten nicht aus dem Reichsverband hinaus, sondern nach möglichst großer Teilhabe an der Herrschaft im Reich[10]. Somit verlief die Reichsentwicklung seit der Reichsgründung auf zwei Ebenen, die sich vereinfacht bestimmen lassen durch das Verhältnis zwischen Kaiser- und Papsttum einerseits und zwischen Königtum und Adel andererseits. Das führte während des ganzen Mittelalters bis hin zur Neuzeit zwangsläufig zu wechselnden Konstellationen in der Ausübung der Reichsgewalt, bis sich schließlich das durch den Hochadel verkörperte ständische und föderative Element endgültig gegen die königliche bzw. kaiserliche Zentralgewalt durchsetzen konnte. Die Reichsstände, die zunächst zusammen mit dem Kaiser das Reich verkörperten, wurden damit gegen den Kaiser selbst zum Reich[11]. Das sich durch Jahrhunderte hinziehende Ringen um die Macht im Reich brachte immer wieder Rechtsunsicherheit im Inneren und die Gefährdung des Reichs von außen mit sich. Reform- und Neuordnungsversuche, sowohl von kaiserlicher als auch von ständischer Seite, konnten wegen der grundsätzlichen ungelösten Interessengegensätze keine grundlegende Besserung bewirken. In dem Maß, in dem die tatsächlichen Veränderungen im Reich eine bloße Restaurierung unmöglich machten, veränderten sich auch die Reforminhalte. Im Zuge der konziliaren Bewegung des 15. Jahrhunderts wurde bereits auf dem Konstanzer und dem Basler Konzil neben der Forderung einer Kirchenreform auch das Verlangen nach einer umfassenden Reichsreform deutlich[12]. Einzelne Reformansätze führen weiter zurück.

---

[10] Die von der fürstlichen Reformpartei unter Führung des Mainzer Kurfürsten Berthold von Henneberg auf dem Reichstag von Worms 1495 vorgelegte Regimentsordnung sah vor, daß ein ständiger Ausschuß von 17 Mitgliedern unter der Kontrolle der Kurfürsten die laufenden Regierungsgeschäfte führen und königliche Erlasse herausgeben sollte. Das Ziel war jedoch nicht, die zentrifugalen Kräfte im Interesse eines lockeren Föderalismus zu stärken, sondern die erforderliche Zentralgewalt, allerdings auf ständischer Basis, zu schaffen. Vgl. Georg von Below, Die Reichsreform, S. 156, 157. Hermann Conrad, Deutsche Rechtsgeschichte, Bd. II, S. 4. Rudolf Stadelmann, Das Zeitalter der Reformation, S. 16.

[11] Karl S. Bader, Kaiserliche und ständische Reformgedanken in der Reichsreform des endenden 15. Jahrhunderts, in: HJb, 73. Bd. (1954), S. 79. Wilhelm Mommsen, Zur Bedeutung des Reichsgedankens, in: HZ, 174. Bd. (1952), S. 398: „Zunächst trägt die Genossenschaft der deutschen Fürsten das Reich. Später tritt das Landesfürstentum stärker hervor.“

[12] Fritz Hartung, Deutsche Verfassungsgeschichte vom 15. Jhdt. bis zur Gegenwart, S. 23.

Im weltlichen Bereich hat die Reichsentwicklung mit der Goldenen Bulle von 1356[13], die einen Wendepunkt in der Verfassungsgeschichte des Reichs bedeutete, einen gewissen Abschluß gefunden[14]. Die monarchische Verfassung beruhte auf der mittelalterlichen theokratischen Auffassung, den König als direkt von Gott eingesetzt anzusehen. Sie entsprach jedoch auch der auf germanischrechtliche Vorstellungen zurückgehenden Annahme eines Verbands- und Treueverhältnisses zwischen König und Volk.

Beides, sowohl der göttliche Ursprung der Herrschaftsgewalt als auch ihre Ableitung aus dem übereinstimmenden Willen der Herrschaftsunterworfenen, wirkte zusammen. Mit der Wiederentdeckung und dem zunehmenden Studium des römischen Rechts trat freilich eine Verschiebung in der Gewichtigkeit beider Begründungen ein. Die zunächst weitaus beherrschende theokratische Idee wurde infolge der Beschäftigung mit der antiken griechischen und römischen Staatslehre zurückgedrängt und schließlich zersetzt[15]. Ausgehend von dem Vertragscharakter des Herrschaftsverhältnisses mit gegenseitigen Rechten und Pflichten, ohne dabei eine wenigstens mittelbare göttliche Herleitung des Königtums zu leugnen, breitete sich bereits im Mittelalter die Lehre von der Volkssouveränität aus[16]. Diese um 1100 zuerst von Manegold von Lautenbach entwickelte Theorie wurde im 14. Jahrhundert u. a. von Marsilius von Padua und Occam wieder aufgegriffen und von Nikolaus von Kues in seiner Schrift „De concordantia catholica" (1433) modifiziert weitergeführt[17]. Grundlage jeder staatlichen Gewalt ist danach der Volkswille. Das dem Volk insgesamt zustehende Recht zur Wahl des Königs beschränkt sich in der Verfassungswirklichkeit, die in der Goldenen Bulle bestätigt und zum Reichsrecht wird, auf die Aus-

[13] Wolfgang D. Fritz / Eckhardt Müller-Mertens, Die Goldene Bulle. Das Reichsgesetz Kaiser Karls IV. vom Jahre 1356 (deutsche Übersetzung), S. 39 - 88. Karl Zeumer, Quellen und Studien zur Verfassungsgeschichte des Deutschen Reiches in Mittelalter und Neuzeit, Bd. II, Heft 2, S. 5 - 38 (Lateinisch).

[14] Herbert Grundmann, Wahlkönigtum, Territorialpolitik und Ostbewegung im 13. und 14. Jahrhundert (1198 - 1378), S. 560: „Das Ringen zwischen Wahl- und Erbreich war zum Abschluß gekommen, juristisch zugunsten der freien Königswahl, doch mit der politischen Möglichkeit dynastischer Thronfolge."

[15] Friedrich von Bezold, Die Lehre von der Volkssouveränität während des Mittelalters, in: HZ, 36. Bd. (1876), S. 314, 316, 324. Otto von Gierke, Johannes Althusius, S. 63.

[16] Friedrich von Bezold, Aus Mittelalter und Renaissance, S. 33 ff. Hermann Conrad, Deutsche Rechtsgeschichte, Bd. I, S. 213. Otto von Gierke, Das deutsche Genossenschaftsrecht, Bd. III, S. 568 ff. Derselbe, Johannes Althusius, S. 123 ff.

[17] Erik Hühns, Theorie und Praxis in der Reichsreformbewegung des 15. Jahrhunderts, in: WZHUB, 1. Bd. (1951/52), S. 23. Gerhard Kallen, Die politische Theorie im philosophischen System des Nikolaus von Cues, in: HZ, 165. Bd. (1942), S. 257 - 259. Ludwig Frhr. von Pastor, Geschichte der Päpste, Bd. I, S. 86. Helmut G. Walther, Imperiales Königtum, Konziliarismus und Volkssouveränität, S. 159 ff., 230 ff.

übung des Wahlrechts durch die Kurfürsten. Damit haben sich die Herrschaftsverhältnisse im Reich zugunsten einer weitgehenden Mitsprache des Hochadels konsolidiert.

Offen blieb dagegen das reichsrechtliche Verhältnis zur römischen Papstkirche, die mit den Erzbischöfen von Mainz, Köln und Trier drei der sieben Kurfürsten stellte. Nachdem es der Kirche im 11. Jahrhundert gelungen war, sich aus der Bevormundung durch die weltliche Reichsgewalt zu lösen, blieb sie mit ihrem eigenen Herrschaftsanspruch nicht auf halbem Wege stehen[18]. Nach wie vor war die Idee der Einheit der abendländischen Christenheit, wie sie sich im mittelalterlichen Reichs- und Kirchengedanken manifestierte, verbindlich und wirksam. Der Weg der strikten Trennung zwischen dem weltlichen und kirchlichen Bereich, verbunden mit einem gleichberechtigten Nebeneinander von Imperium und Sacerdotium war deshalb zunächst nicht gangbar[19]. Im Gegenzug griff der Papst vielmehr seinerseits erfolgreich in die weltlichen Angelegenheiten des Reiches ein, ohne das Gesamtgefüge der Ecclesia in ihrem allumfassenden Sinn als Civitas dei zu sprengen. In einer „Umwertung der Kirche“[20] beanspruchte nun der Papst anstelle des Kaisers die erste Stelle und die Führerschaft in der einen, Reich und Kirche einschließenden christlichen Gemeinschaft. Eine der Grundkonstanten der kaiserlichen Reichspolitik während des späten Mittelalters war fortan, sich des Vorranganspruchs des Papsttums zu erwehren. Über die vordergründige Frage der persönlichen Stellung des Kaisers zum Papst hinaus berührte dieser Streit das Reichsrecht im Grundsatz und die Reichsrechte in Italien im besonderen[21].

Die Frage nach dem Verhältnis zwischen Staat und Kirche, wie sie sich bei aller Unschärfe des Vergleichs mit moderner Begriffsbestimmung stellen läßt, begleitete und beeinflußte die mittelalterliche Reichs- und Kirchenentwicklung, ohne daß sie letztlich gelöst werden konnte. Die mangelnde Übereinstimmung zwischen den beiden höchsten Repräsentanten der abendländischen Christenheit bedrohte nicht nur die Einheit dieser geistlich-weltlichen Gemeinschaft, sie begünstigte auch die sowohl im weltlichen als auch im kirchlichen Bereich vorhandenen

[18] Friedrich Merzbacher, Wandlungen des Kirchenbegriffs im Spätmittelalter, in: ZRG (KA), 70. Bd. (1953), S. 276: „In seinen Kämpfen mit dem Kaisertum vermochte dann schließlich das Papsttum in den Tagen Gregors VII. (1073 - 1085) — gewissermaßen als Reaktion auf die überspannten imperialen Machtansprüche — die lang ersehnte und wahrhaft entscheidende „Libertas ecclesiae“ zu erringen.“

[19] Theodor Mayer, Papsttum und Kaisertum im hohen Mittelalter, in: HZ, 187. Bd. (1959), S. 52.

[20] Wolfram von den Steinen, Der Kosmos des Mittelalters, S. 187, 208.

[21] Hermann O. Schwöbel, Der diplomatische Kampf zwischen Ludwig dem Bayern und der römischen Kurie im Rahmen des kanonischen Absolutionsprozesses 1330 - 1346, S. 4.

Zentrifugalkräfte. Die Kirche geriet in neue Abhängigkeiten — nun zum französischen Königtum, verfiel in Schismen und hatte Mühe, den Gegensatz zwischen Papst und Konziliarismus zu überwinden[22]. Das Kaisertum trat geschwächt den aufstrebenden Fürsten gegenüber und hatte schließlich weder die Macht noch die Autorität, die äußere und innere Sicherheit des Reichs zu gewährleisten.

Damit war das überkommene mittelalterliche Ordnungsgefüge von Grund auf gestört. In dieser Umbruchzeit des 15. Jahrhunderts verdichteten sich die Reformbestrebungen mit dem Ziel, die unter dem Anpassungsdruck der heraufziehenden Neuzeit und den auseinanderstrebenden Partikularinteressen notleidend gewordenen alten Reichs- und Kirchenstrukturen von neuem zu einem funktionstüchtigen Ganzen zusammenzuführen. Diese Gesamtschau wird deutlich an den Verhandlungen der großen Reformkonzilien in der ersten Hälfte des 15. Jahrhunderts[23]. Sowohl in Konstanz (1414 - 1418) als auch in Basel (1431 - 1437) wurden unter maßgeblicher Beteiligung des Königs und späteren Kaisers Sigismund und der weltlichen Stände durchaus nicht nur kirchliche Fragen erörtert. Von beiden Konzilien sind deutliche Impulse auch für eine Reichsreform ausgegangen[24]. Die notwendige grundlegende Erneuerung kam dennoch nicht zustande.

Im kirchlichen Bereich wurde zwar mit der Wahl Martins V. zum allein anerkannten Papst im Jahr 1417 das große abendländische Schisma beendet[25]. Mit der Wiederherstellung der Kircheneinheit verlor aber gleichzeitig die Idee des Konziliarismus ihre Bedeutung und unterlag schließlich dem Absolutheitsanspruch des neuerstarkten Papsttums[26]. Die auf dem Basler Konzil noch mächtige innerkirchliche Reformpartei, die zunächst auch von Nikolaus von Kues unterstützt wurde, konnte sich nicht durchsetzen. Das gregorianische Prinzip, der päpstliche Absolutismus, hatte über den Versuch der Reformkonzilien ge-

[22] Hans E. Feine, Reich und Kirche, S. 103. Godehard J. Ebers, Grundriß des Katholischen Kirchenrechts, S. 112. Ludwig Frhr. von Pastor, Geschichte der Päpste, Bd. I, S. 67, 68.

[23] Friedrich Baethgen, Schisma- und Konzilszeit, Reichsreform und Habsburgs Aufstieg, S. 658: „Reich und Kirche wurden noch immer in einem solchen Maß als Einheit empfunden, daß der Gedanke einer kirchlichen Reform auch ähnliche Überlegungen für den staatlichen Bereich nahelegen mußte. Schon eine noch in die Zeit des Konstanzer Konzils gehörende Denkschrift „Advisamentum“ macht den Vorschlag, so wie neben dem Papst das Kardinalskollegium stehe, dem Kaiser einen von den Ständen gewählten Reichsrat an die Seite zu stellen.“

[24] Johannes Bärmann, Cusanus und die Reichsreform, in: MFdCG, 4. Bd. (1964), S. 81. Adolf Laufs, Der Schwäbische Kreis, S. 29.

[25] Ludwig Frhr. von Pastor, Geschichte der Päpste, Bd. I, S. 223. Hermann Conrad, Deutsche Rechtsgeschichte, Bd. I, S. 193, 194.

[26] Heinz Angermeier, Das Reich und der Konziliarismus, in: HZ, 192. Bd. (1961), S. 529.

siegt, der Synode als Vertretung der Gesamtheit der Gläubigen die oberste Stellung und alleinige Vollgewalt in der Kirche zuzuweisen[27].

Im weltlichen Bereich blieb die verfassungsrechtliche Neuordnung wegen der Unvereinbarkeit der monarchischen und ständischen Reformvorstellungen im Grundsatz ungelöst[28]. Fortschritte konnten bis zum Ende des 15. Jahrhunderts aber in Teilbereichen erzielt werden. Nach einigen bereits im Ansatz steckengebliebenen Versuchen kam es schließlich auf dem Wormser Reichstag von 1495 zu der reichsgesetzlichen Festlegung eines „Ewigen Landfriedens“, der Errichtung des Reichskammergerichts, zur Einführung des gemeinen Pfennigs als einer allgemeinen Reichssteuer und vor allem zu einer Verständigung zwischen König und Reichsständen über die Durchführung des Landfriedens, der „Handhabung des Friedens und Rechtes“[29]. Unter dem Blickwinkel beider Extrempositionen, sowohl der königlichen Zentralgewalt als auch der ständischen Föderativbestrebungen, erweisen sich die Wormser Reichstagsbeschlüsse als gleichermaßen unzulänglich. Hinzu kommt, daß der unter den gegebenen Machtverhältnissen gerade noch mögliche Kompromiß nur schwer und unter weiteren Abstrichen zu realisieren war. Das Ringen um die höchste Regierungsgewalt im Reich überlagert nicht nur das Zustandekommen der Reichsreformgesetze, es behindert auch ihre Ausführung. Zum einen kommt den Reichstagsbeschlüssen nur Vertragscharakter zu; d. h. auf dem Reichstag nicht vertretene Reichsstände sollen grundsätzlich nicht verpflichtet werden könnnen, aber auch die Reichstagsteilnehmer sind durch eine Mehrheitsentscheidung nicht zu binden[30]. Zum anderen fehlt dem Reich eine durchgebildete Verwaltungsorganisation. So mußte für die Erhebung des als Vermögen- und Einkommensteuer von jedem Reichsangehörigen zu entrichtenden gemeinen Pfennigs auf die vorhandene Kirchenorganisation zurückgegriffen werden[31].

---

[27] Friedrich Merzbacher, Wandlungen des Kirchenbegriffs im Spätmittelalter, in: ZRG (KA), 70. Bd. (1953), S. 318, 342.

[28] Im Kern handelte es sich immer wieder um dieselben eng miteinander verbundenen Problembereiche: Landfrieden, Gerichtsordnung, Exekutivgewalt und Steuerordnung. Vgl. die zusammenfassende Übersicht über die Reformbestrebungen bei: Erik Hühns, Theorie und Praxis in der Reichsreformbewegung des 15. Jahrhunderts, in: WZHUB, 1. Bd. (1951/52), S. 25 ff. Hermann Wiesflecker, Maximilian I. und die Wormser Reichsreform von 1495, in: ZHVSt, 49. Bd. (1958), S. 56 ff.

[29] Abdruck der Wormser Reformgesetze in: NSdRA, Bd. I, Teil 2, S. 3 - 28. Karl Zeumer, Quellensammlung zur Geschichte der Deutschen Reichsverfassung in Mittelalter und Neuzeit, Nr. 173 - 176, S. 281 - 296.

[30] Adolf Laufs, Der Schwäbische Kreis, S. 43. Hermann Wiesflecker, Maximilian I. und die Wormser Reichsreform von 1495, in: ZHVSt, 49. Bd. (1958), S. 26, 58.

[31] Rudolf Stadelmann, Das Zeitalter der Reformation, S. 17: „Die Pfarrgeistlichen sollten das Geld einziehen und an die Bischöfe abliefern. Diözese und Pfarrgemeinde wurden als Finanzbezirke des Reiches in Anspruch ge-

Mit den Reichstagsbeschlüssen von 1495 und den bis in das frühe 16. Jahrhundert hineinreichenden Bemühungen, sie effektiv auszuführen, ist der Höhepunkt der Reichsreformbewegung überschritten. Die weitere Entwicklung bedarf und erhält wiederholt neue Impulse, die zu unterschiedlichen Erfolgen in Teilbereichen führen[32].

Die ganz überwiegend ständisch beeinflußte und auf vier Jahre beschränkte Pfennigordnung war von Anfang an ein Fehlschlag. Die direkte Erhebung der auf jeden einzelnen lastenden Personensteuer war ungewohnt und ohne eine eigene Reichsverwaltung nicht praktikabel. Erst die Rückkehr zum Matrikelsystem, die Aufstellung und Verbesserung der Reichsmatrikel auf den Reichstagen von Konstanz 1507 und Worms 1521 gab dem Reich eine beständige Steuergrundlage.

Auch die monarchischen und ständischen Reichsratspläne, die in der „Handhabung des Friedens und Rechtes" zunächst einen Ausgleich gefunden und zu einer Stärkung des Reichstags geführt haben, wurden wieder aufgenommen. Das von der fürstlichen Reformpartei im Jahr 1500 erzwungene Reichsregiment löste sich allerdings bereits nach zwei Jahren wieder auf. Auch das zweite — nunmehr vom Kaiser beherrschte — Reichsregiment hatte nur kurzen Bestand (1521 - 1530). Damit waren die Bemühungen um eine zentrale Reichsregierung endgültig gescheitert.

Eine über das Tagesgeschehen hinausreichende Bedeutunng erlangte dagegen der ewige Landfrieden mit der Abschaffung der Selbsthilfe als Rechtsinstitut. Fehde und eigenmächtige Pfändung waren fortan unbefristet für das ganze Reich untersagt. Auch die Einrichtung des Kammergerichts erwies sich allen Anfangsschwierigkeiten zum Trotz als dauerhaft und stabilisierend für den inneren Frieden des Reichs.

Im Ergebnis haben weder die monarchischen noch die ständischen Reformversuche dem Reich eine starke Zentralgewalt und eine straffe Organisation gebracht. Dennoch wäre es falsch, die Reichsreform in ihrer friedenswahrenden und ausgleichenden Wirkung zu unterschätzen. Sie hat in einem jahrhundertelangen zähen Prozeß die oberste Reichsgewalt so behutsam umgestaltet, daß die königlichen Herrschaftsbefugnisse langsam und stetig auf die Reichsstände übergehen konnten, ohne daß es zu einem gewaltsamen Verfassungsbruch gekommen ist[33].

---

nommen. Der Klerus konnte aber nicht mehr wie zur Zeit der Ottonen als Reichsbeamtenschaft betrachtet werden. Sie zu schaffen, wäre die erste Aufgabe einer Reichsreform gewesen."

[32] Hermann Conrad, Deutsche Rechtsgeschichte, Bd. I, S. 318 - 320, Bd. II, S. 74 - 76, 118, 122/123, 161. Adolf Laufs, Rechtsentwicklungen in Deutschland, S. 56 - 65. Hermann Wiesflecker, Maximilian I. und die Wormser Reichsreform von 1495, in: ZHVSt, 49. Bd. (1958), S. 36 - 59.

[33] Heinz Angermeier, Begriff und Inhalt der Reichsreform, in: ZRG (GA),

Von Anfang an war die Frage der Reichsreform auch ein literarisches Anliegen — von den ersten vereinzelten wissenschaftlichen und offiziösen Schriften bis hin zu der auf Breitenwirkung angelegten volkstümlichen Flugschriftenliteratur der Reformationszeit. Einige der Schriften, die aus der Reformbewegung des 15. Jahrhunderts hervorgegangen sind, haben ihre Aktualität und Bedeutung bis in die Reformations- und Bauernkriegswirren erhalten, zum Teil erst da ihre größte Wirkung entfaltet und insbesondere auch Eberlin beeinflußt.

Der Reformbewegung des Basler Konzils (1431 - 1437) sind zwei große Schriften, die Concordantia catholica des Nikolaus von Kues und die Reformatio Sigismundi eines anonym gebliebenen Verfassers zu verdanken. Die im Jahr 1433 dem Konzil zu Basel vorgelegte Staats- und Kirchenschrift des späteren Kardinals Cusanus ist ein innerkirchlicher Reformversuch, der allerdings nicht nur auf die Änderung einzelner kirchlicher Mißstände abzielt, sondern ebenso konkrete Vorschläge für den Aufbau und die Organisation des Reichs zum Inhalt hat. Beides, Reformierung sowohl des kirchlichen als auch des weltlichen Bereichs, soll die Einheit der Christenheit unter ihren beiden Repräsentanten, dem Papst und dem Kaiser, wiederherstellen[34].

Anders als die gelehrte, in lateinischer Sprache verfaßte Denkschrift des Cusanus hat die 1439 in Basel entstandene Reformatio Sigismundi in mehreren Handschriften und wiederholten Drucken eine große Verbreitung erfahren[35]. Das deutsch geschriebene Werk hat noch und vor allem auf die Reformdiskussion des frühen 16. Jahrhunderts eingewirkt. Auch Eberlin hat diese Schrift gekannt[36]. Die Reformatio Sigismundi begnügt sich nicht mit einer Zusammenstellung der bekannten Gravamina und allgemein gehaltenen Reformvorschlägen. Sie prangert ganz direkt die „großen heupter" an, die sie für die darniederliegende Ordnung in Reich und Kirche verantwortlich macht[37]. Abhilfe erhofft

75. Bd. (1958), S. 190: „Das methodische Charakteristikum der ganzen Reichsreformbewegung ist die Gewaltlosigkeit."

[34] Johannes Bärmann, Cusanus und die Reichsreform, in: MFdCG, 4. Bd. (1964), S. 78, 87 - 89. Hermann Conrad, Deutsche Rechtsgeschichte, Bd. I, S. 236. Karl Jaspers, „Nikolaus Cusanus", S. 169, 176. Gerhard Kallen, Die politische Theorie im philosophischen System des Nikolaus von Cues, in: HZ, 165. Bd. (1942), S. 246, 247, 254, 255. Andreas Posch, Die „Concordantia catholica" des Nikolaus v. Cusa, S. 16.

[35] Lothar Graf zu Dohna, Reformatio Sigismundi, S. 19, 20. Alfred Doren, Zur Reformatio Sigismundi, in: HVj, 21. Bd. (1922/23), S. 47. Heinrich Koller, Eine neue Fassung der Reformatio Sigismundi, in: MIÖG, 60. Bd. (1952), S. 153. Derselbe, Reformation Kaiser Siegmunds, in: MGH, Bd. VI, S. 1 - 5. Tilman Struve, Reform oder Revolution?, in: ZGORh, 126. Bd. (1978), S. 74.

[36] Hans-Herbert Ahrens, Die religiösen, nationalen und sozialen Gedanken Johann Eberlin von Günzburgs, S. 42.

[37] Franz Irsigler, Die „Kleinen" in der sogenannten Reformatio Sigismundi, in: Saeculum, JUG, 27. Bd. (1976), S. 250 - 252. Heinrich Koller, RS, S. 52: „... sye furen das unrecht ytzunt mit gewalt ..."

sie vor allem von den Reichsstädten. Anders als in der Concordatia catholica klingen bei ihr bereits antikirchliche und sozialkritische Töne an[38].

Mit dem Abbruch des Basler Konzils und dem Sieg des Papsttums über den Konziliarismus versiegt auch der Strom der von innerkirchlichen Reformbemühungen getragenen Schriften. Verfasser waren Männer der Kirche, neben Cusanus u. a. der päpstliche Beamte Dietrich von Niem, der Magdeburger Domherr Heinrich Toke und der Lübecker Bischof Johannes Schele, die — dem Verständnis ihrer Zeit entsprechend — neben der Abstellung kirchlicher Mißbräuche und Fehlentwicklungen Reformen auch im weltlichen Bereich forderten[39]. Erst wieder ausgangs des 15. Jahrhunderts, nun schon im zeitlichen Zusammenhang mit einzelnen, noch lokal begrenzten Vorläufern des Bauernkriegs, spiegelt sich ein gesteigertes Reformbewußtsein erneut in einer zunehmenden literarischen Tätigkeit, die ihren Höhepunkt schließlich in der Flugschriftenschwemme der Reformationszeit erreicht.

Am Anfang dieser Entwicklung steht eine weitere bedeutende Reformschrift, der zwischen 1498 und 1510 von einem unbekannten Elsässer verfaßte sog. „Oberrheinische Revolutionär“. Trotz dieser eindeutig erscheinenden Bezeichnung handelt es sich durchaus nicht um eine revolutionäre Brandschrift, wenngleich die Möglichkeit und Rechtfertigung einer Selbsthilfe des gemeinen Mannes, vor allem gegen kirchliche Mißstände, wiederholt anklingt[40]. Reformvorschläge und Argumentation sind vergangenheitsbezogen. Das Idealbild, das der Oberrheinische Revolutionär seiner Zeit entgegenhält, ist die mittelalterliche Ständegesellschaft mit einer starken, das Reich tragenden Ritterschaft[41]. Die ursprünglich große Reformbegeisterung des Verfassers weicht erkennbar einer zunehmenden Resignation über die geringen Aussichten einer tatsächlichen Änderung der beklagten Mißstände und verliert sich schließlich in historischen Utopien und astrologischen Spekulationen[42].

---

[38] Tilman Struve, Reform oder Revolution?, in: ZGORh, 126. Bd. (1978), S. 80, 81.

[39] Heinrich Koller, Kaiserliche Politik und die Reformpläne des 15. Jahrhunderts, in: Festschrift Heimpel, Bd. II, S. 61, 62. Adolf Laufs, Der Schwäbische Kreis, S. 28 - 32.

[40] Annelore Franke u. Gerhard Zschäbitz, OR, cap. 62, S. 369, 372; cap. 76, S. 402; cap. 81, S. 411. Heinz Angermeier, Begriff und Inhalt der Reichsreform, in: ZRG (GA), 75. Bd. (1958), S. 188. Otto Eckstein, Die Reformschrift des sog. Oberrheinischen Revolutionärs, S. 11. Ferdinand Seibt, Utopica. Modelle totaler Sozialplanung, S. 55.

[41] Klaus Arnold, „Oberrheinischer Revolutionär“ oder „Elsässischer Anonymus“?, in: AKG, 58. Bd. (1976), S. 421, 422.

[42] Ferdinand Seibt, Utopica. Modelle totaler Sozialplanung, S. 48, 56. Tilman Struve, Utopie und gesellschaftliche Wirklichkeit, in: HZ, 225. Bd. (1977), S. 86, 87.

Der Rückblick auf die großen Reformschriften des 15. Jahrhunderts wird im folgenden das Verständnis für die Kontinuität der Probleme in Reich und Kirche des ausgehenden Mittelalters erleichtern. Deutlich soll im Vergleich auch werden, wie sich von der Concordantia catholica und der Reformatio Sigismundi über den Oberrheinischen Revolutionär bis hin zu den Flugschriften Eberlins die Reforminhalte beinahe unmerklich, aber stetig veränderten.

### 2. Strikte Trennung von weltlicher und kirchlicher Gewalt im Reich

#### *a) Bedeutung der grundsätzlichen Trennung von Reich und Kirche*

Eberlins Reformvorstellungen gehen ganz selbstverständlich von einer gleichzeitigen Erneuerung von Reich und Kirche aus. Grundlage ist für ihn aber die strikte Trennung des weltlichen und kirchlichen Bereichs; und zwar in einem doppelten Sinn: Zum einen soll die als fremd empfundene römische Kirche aus dem Reich, vereinfacht ausgedrückt — aus Deutschland, hinausgedrängt werden. Zum anderen ist innerhalb des Reichs die verbleibende Nationalkirche gegenüber dem staatlichen Bereich abzugrenzen.

Damit folgt Eberlin im Ansatz der überkommenen Reformbewegung, die Erneuerung von Reich und Kirche als eine einheitliche, nur im Zusammenhang lösbare Aufgabe anzusehen. Die mittelalterliche Vorstellung dagegen, Reich und Kirche als Einheit aufzufassen, kann für Eberlin, den Zeitgenossen der Reformation, nicht mehr verbindlich sein. Tatsächlich wurde die Idee einer abendländischen Gemeinschaft der respublica christiana bereits durch die nationalstaatliche Entwicklung Europas überholt. Die Reformation hat sie endgültig zerstört[1]. Daraus erklären sich grundlegende Unterschiede zwischen Eberlin und den Verfassern der großen Reformschriften des 15. Jahrhunderts.

Cusanus, noch ganz dem mittelalterlichen Einheitsgedanken verhaftet, konnte den Gegensatz zwischen Reich und Kirche dadurch überwinden, daß er beide Institutionen nur als Gliederung der einen christlichen Gemeinschaft ansah, bildlich vergleichbar mit dem Körper und der Seele des Menschen[2]. Auch für den Verfasser der Reformatio Sigismundi hat das Reich noch nichts von seiner universalen Bedeutung als christliche Gemeinschaft eingebüßt[3].

---

[1] Martin Heckel, Reformation und Recht. Zum Reformationsjubiläum 1967, in: JuS, 7. Bd. (1967), S. 489, 490.

[2] Johannes Bärmann, Cusanus und die Reichsreform, in: MFdCG, 4. Bd. (1964), S. 88. Andreas Posch, Die „Concordantia catholica" des Nikolaus v. Cusa, S. 203.

[3] Lothar Graf zu Dohna, Reformatio Sigismundi, S. 152.

Eberlin dagegen sieht beide Institutionen — Reich wie Kirche — in einem engeren, nationalen Bereich. Das Reich ist für ihn, was es bereits im Mittelalter ohne seine ideelle Ausstrahlung de facto war: das Reich der Deutschen, beschränkt auf Deutschland und die tatsächlich beherrschten Gebiete in Reichsitalien und Burgund[4]. Auch die Kirche ist für ihn nicht mehr die übernationale, die gesamte abendländische Christenheit überspannende Organisation, sondern die jeweils nationale Institution ohne ein übergeordnetes Zentrum. Die während des ganzen Mittelalters offene Streitfrage nach dem Verhältnis zwischen Imperium und Sacerdotium stellt sich somit nach Eberlins theoretischem Reformkonzept nicht mehr. Den tatsächlichen universalen und machtpolitischen Ansprüchen des römischen Papsttums tritt Eberlin in den Auseinandersetzungen der Reformationszeit mit seinen Flugschriften engagiert entgegen.

### *b) Abgrenzung gegenüber dem Papsttum*

In der antirömischen Tendenz seiner Schriften, die sich auf das aktuelle Tagesgeschehen beziehen, treffen sich Eberlins Vorstellungen mit den Ideen Ulrichs von Hutten. Hier stellt Eberlin grob vereinfachend, volksnah und mit agitatorischem Eifer auf den Gegensatz zwischen Kaiser und Papst ab. Er bedauert, daß etliche deutsche Fürsten vom äußeren Schein des Papsttums verführt worden seien, die Kaiserkrone vom Papst anzunehmen. Es sei irrig zu glauben, dem Papst stehe es zu, den gewählten römischen Kaiser abzusetzen und einen anderen seiner Wahl zu ernennen, den er „am Narrenseil führen" könne. Der Kaiser müsse nicht wie ein gekaufter Knecht zu Füßen des Papstes liegen[5]. Er solle vielmehr künftig alle Gewalt allein aus der Wahl durch die Kurfürsten herleiten[6]. Der Papst dagegen habe keinerlei Anspruch auf die Herrschaft über das zeitliche römische Reich. Er sei lediglich ein Bischof wie jeder andere. Er solle beten und predigen und die Fürsten

---

[4] In der Nachfolge antiker römischer Weltherrschaft erscheint das Reich zwar als Imperium mundi, als das universale Reich des christlichen Abendlandes. Ein tatsächlicher und vor allem realisierbarer Herrschaftsanspruch war mit dieser, insbesondere in der Stauferzeit sehr lebendigen Weltreichsidee jedoch nicht verbunden. Die machtpolitischen Verhältnisse führten vielmehr frühzeitig zur nationalstaatlichen Entwicklung in Europa. Zur Zeit Eberlins war das Reich fast ganz auf das Gebiet der deutschen Nation beschränkt. Vgl. Hermann Conrad, Deutsche Rechtsgeschichte, Bd. I, S. 234, 235. Erik Wolf, Idee und Wirklichkeit des Reiches im deutschen Rechtsdenken des 16. und 17. Jahrhunderts, S. 40, 56 ff.

[5] Der .VII. bundtgnoß, in: Enders Neudrucke, Bd. I, S. 81.

[6] Der erst bũdtsgnosz, in: Enders Neudrucke, Bd. I, S. 13. Eberlin folgt damit der zu Beginn des 16. Jahrhunderts starken nationalen, d. h. von Rom losgelösten Kaiseridee. Vgl. Walther Köhler, Die deutsche Kaiseridee am Anfang des 16. Jahrhunderts, in: HZ, 149. Bd. (1934), S. 49.

das Land regieren lassen[7]. Tatsächlich aber sitze er dem Kaiser schlimmer im Reich als die Franzosen. Deshalb sollten zuerst Städte unter kirchlicher Herrschaft, wie etwa Mainz, eingenommen werden, bevor wegen Mailand Krieg geführt werde[8].

Wesentlich deutlicher und konsequenter als die früheren Reformschriftsteller sieht Eberlin die Trennung von weltlichem und kirchlichem Bereich im grundsätzlichen Gegensatz zwischen Kaiser- und Papsttum. In der Reformliteratur des 15. Jahrhunderts wird das Papsttum als Institution noch nicht in Frage gestellt. In der ineinandergreifenden Einheit von Reich und Kirche soll lediglich die übermächtig gewordene Stellung des Papstes auf die Bedeutung seines geistlichen Amtes zurückgeführt werden. Reform in diesem Sinn bezweckt eine aufgabengerechte Kompetenzverteilung.

Schon Cusanus hat — ebenso wie der Verfasser der Reformatio Sigismundi — die eigentliche Ursache der gestörten Ordnung in Reich und Kirche in der Vermischung beider Aufgabenbereiche gesehen[9]. In der alle Gegensätze auflösenden Einheit und Harmonie der christlichen Gemeinschaft steht weder dem Kaiser noch dem Papst ein tatsächlicher Vorrang zu. Beide Institutionen leiten sich direkt von Gott ab, sind voneinander unabhängig, gleichwertig und jeweils in ihrem Bereich die höchste Instanz[10]. Einerseits stehen dem Papst nicht die reinen Temporalien zu, selbst wenn sie den Bischöfen im Rahmen des weltlichen Reichsaufbaus verliehen sind. Die sogenannte Konstantinische Schenkung weist Cusanus in eingehender Beweisführung als Fälschung nach[11]. Die Zweischwerterlehre zur Begründung der kaiserlichen Unterordnung

---

[7] Der .VII. bundtgnoß, in: Enders Neudrucke, Bd. I, S. 85.

[8] Mich wundert das kein gelt ihm land ist, in: Enders Neudrucke, Bd. III, S. 155. Damit spielt Eberlin auf die kriegerischen Auseinandersetzungen in Oberitalien an, in die Karl V. zu Beginn seiner Regierungszeit verwickelt wurde.

[9] Tilman Struve, Reform oder Revolution?, in: ZGORh, 126. Bd. (1978), S. 79.

[10] Wenn Cusanus dem Papst dennoch einen ideellen Vorrang, gewissermaßen ehrenhalber, einräumt, dann nur in dem Sinn, in dem nach seiner Vorstellung vom mystischen Doppelorganismus der Christenheit der (kirchlichen) Seele wesensmäßig eine größere Bedeutung zukommt als dem (weltlichen) Körper. Vgl. Elisabeth Bohnenstädt, Kirche und Reich im Schrifttum des Nikolaus von Cues, S. 88, 100, 101. Andreas Posch, Die „Concordantia catholica" des Nikolaus v. Cusa, S. 187.

[11] Die Oberherrschaft des Papstes wurde im Mittelalter kirchlicherseits u. a. damit begründet, daß Kaiser Konstantin bei Begründung des oströmischen Reichs dem römischen Bischof Silvester und dessen Nachfolgern für alle Zeiten das abendländische (weströmische) Imperium als Geschenk übergeben habe, so daß die kaiserliche Herrschaft vom Papst abgeleitet und nur auf Zeit verliehen sei und deshalb auch wieder entzogen werden könne. Vgl. Gerhard Kallen, Conc. cath. III, cap. 2, S. 328 - 337. Theodor Mayer, Papsttum und Kaisertum im hohen Mittelalter, in: HZ, 187. Bd. (1959), S. 26, 27. Andreas Posch, die „Concordantia catholica" des Nikolaus v. Cusa, S. 182.

unter die päpstliche Gewalt lehnt er ab[12]. Andererseits kommt es dem Kaiser nicht zu, in die kirchlichen Aufgaben des Papstes einzugreifen. Nur in Notfällen haben beide Repräsentanten der christlichen Gemeinschaft ihre Verantwortung für das Ganze wahrzunehmen und bestimmte Maßnahmen auch für den jeweils anderen Bereich zu treffen[13].

Auch den Verfassern der Reformatio Sigismundi und des Oberrheinischen Revolutionärs geht es nicht darum, die Einheit von Reich und Kirche aufzuheben. An dieser überkommenen Verbindung halten beide grundsätzlich fest. Die Reformatio Sigismundi löst den Gegensatz zwischen Kaiser und Papst dadurch, daß sie Papst und Priesterschaft auf ihr geistliches Amt beschränkt[14]. Der Oberrheinische Revolutionär entscheidet sich für die Unterordnung des Papstes unter die kaiserliche Gewalt. Er folgt damit der mittelalterlichen Zweischwerterlehre in ihrer extrem kaiserlich-weltlichen Ausprägung, wie sie im 14. Jahrhundert vor allem am Hofe Ludwig des Bayern vertreten wurde[15].

Die von Luthers Reformation beeinflußten Flugschriften dagegen treffen die Kirche zentral, in ihrem Selbstverständnis, in ihrer engen Verbindung zum Reich. Luthers These vom allgemeinen Priestertum kommt deshalb entscheidende Bedeutung zu, weil sie allein theologisch begründet ist. Danach besteht kein prinzipieller Unterschied zwischen Geistlichen und Laien, da jeder Christ bereits durch die Taufe zum Priester geweiht und damit „wahrhaft geistlichen Standes" wird. Der Standesunterschied, der die Geistlichen der römischen Amtskirche von den Laien trennt, wird somit zum bloßen Unterschied in der Funktion — ein Unterschied, der gering wiegt, da nach Luther jeder „gelehrte und fromme Bürger" von der Gemeinde mit geistlichen Aufgaben betraut werden kann. Luther selbst zieht aus seiner These vom allgemeinen

---

[12] Nach der kurialen Version der sog. Zweischwerterlehre hat der Papst die geistliche und die weltliche Herrschaftsmacht, versinnbildlicht durch zwei Schwerter, von Gott erhalten. Da danach das weltliche Schwert dem Kaiser nur durch Vermittlung des Papstes zusteht, folgerte schon Innozenz III. 1202 in der Decretale Venerabilem daraus den Vorrang des Papstes. Im gleichen Sinn Papst Bonifaz VIII. in seiner Bulle Unam Sanctam von 1302 nun im Kampf gegen das französische Königtum. Vgl. Planitz / Eckhardt, Deutsche Rechtsgeschichte, S. 152. Klaus Mörsdorf, Lehrbuch des Kirchenrechts, Bd. I, S. 48, 49.

[13] Gerhard Kallen, Conc. cath. III, cap. 7, S. 362. Elisabeth Bohnenstädt, Kirche und Reich im Schrifttum des Nikolaus von Cues, S. 100, 102, 103. Karl Hugelmann, Der Reichsgedanke bei Nikolaus von Kues, S. 16, 17.

[14] Heinrich Koller, RS, S. 230, 232, 278, 280. Tilman Struve, Reform oder Revolution?, in: ZGORh, 126. Bd. (1978), S. 82, 83.

[15] Annelore Franke u. Gerhard Zschäbitz, Das Buch der hundert Kapitel und der vierzig Statuten des sogenannten Oberrheinischen Revolutionärs, S. 113; OR, cap. 33, S. 282; cap. 55, S. 338, 339; stat. 40, S. 526. Otto Eckstein, Die Reformschrift des sog. Oberrheinischen Revolutionärs, S. 34, 35, 41. Ludwig Frhr. von Pastor, Geschichte der Päpste, Bd. I, S. 84 ff.

Priestertum keine Folgerungen für den Kirchenaufbau über die Ebene der Gemeinde hinaus. Er läßt im übrigen die überkommene Kirchenhierarchie bestehen[16].

In Eberlins Reformkonzept für eine neue Reichs- und Kirchenverfassung kommt dem Gedanken des allgemeinen Priestertums jedoch eine entscheidende politische Bedeutung zu. Indem er die Kirchenorganisation insgesamt ebenso wie den Reichsaufbau auf der Grundlage eines konsequent durchgebildeten allgemeinen Wahlrechts neu ordnet, schafft er die Voraussetzungen für eine völlige Trennung von Reich und Kirche auf nationaler Ebene[17]. Die tatsächliche Entwicklung geht in der Folgezeit auf Jahrhunderte hinaus andere Wege. Das liegt nicht nur daran, daß es nicht zu einer von Rom losgelösten Nationalkirche kommt[18]. Die enge Verbindung zwischen Kirche und Staat mit vielfach ineinandergreifenden Bindungen bleibt selbst in den protestantisch werdenden Ländern des Reichs bestehen, in denen der Landesherr die Stellung eines summus episcopus gewinnt[19]. Damit wiederholt sich die Entwicklung des Staatskirchenrechts, das dem Kaiser aus der Hand geschlagen worden war, auf der Ebene der Territorien[20]. Gewinner des jahrhundertelangen Kampfes zwischen Papst- und Kaisertum werden damit die Landesherrn, die, ungehindert von der verblaßten universalen Reichs- und Kirchenidee, zu voller Souveränität aufsteigen.

### *c) Verhältnis zwischen Staat und Kirche innerhalb des Reichs*

Durch die vollständige Abgrenzung des Reichs gegenüber dem römischen Papsttum erscheint die deutsche Kirchenorganisation nach Eberlins Verfassungskonzept nur noch als „innere Angelegenheit". Aber selbst eine Reichskirche, die keine Verbindung mehr zu Rom hat, soll auf den staatlichen Bereich keinen Einfluß ausüben können. Damit zielt Eberlin auf die Säkularisierung der Kirche in ihrer Eigenschaft als staatliche Hoheitsträgerin und auf eine „Verweltlichung" der Geistlichen außerhalb des Bereichs ihrer rein theologischen Aufgaben.

---

[16] An den Christlichen Adel deutscher Nation von des Christlichen standes besserung, in: Luthers Werke (WA), Bd. VI, S. 407, 408, 432 - 435. Walther Köhler, Die Quellen zu Luthers Schrift „An den christlichen Adel deutscher Nation", S. 31 - 33, 35. Bernd Moeller, Kleriker als Bürger, in: Festschrift Heimpel, Bd. II, S. 210.

[17] Diese Zielsetzung ging über Luthers reformatorische Vorstellung weit hinaus. Gerhard Ritter, Die Weltwirkung der Reformation, S. 17: „Luther ist der Prophet einer rein geistig verstandenen Reformation."

[18] Zum Zusammenhang zwischen der Niederschlagung des Bauernaufstands von 1525 und dem Ende der nationalkirchlichen Bewegung vgl.: August Baur, Deutschland in den Jahren 1517 - 1525, S. 9.

[19] Hans E. Feine, Reich und Kirche, S. 105.

[20] Hans von Schubert, Der Kampf des geistlichen und weltlichen Rechts, S. 37.

Die Doppelstellung der Bischöfe als geistliche Würdenträger einerseits und als Reichsfürsten andererseits soll ein Ende haben. Ihnen wird vorgeworfen, daß sie ihr geistliches Amt nicht selbst versehen, ja eigentlich gar keine Geistlichen sein wollten, sondern wie weltliche Fürsten lebten und herrschten[21]. Kein Geistlicher darf im Rat der Fürsten, der Städte und Vogteien sein[22]. Der Klerus und die verschiedenen kirchlichen Einrichtungen, wie z. B. die zahlreichen Klöster, sollen ebenso wie alle anderen dem weltlichen Recht, insbesondere der allgemeinen Gerichtsbarkeit, unterworfen sein[23]. Alle wirtschaftlichen Privilegien und Steuerbefreiungen, die wegen des damit verbundenen Konkurrenzvorteils gegenüber Handel und Handwerk in der Bevölkerung ohnehin zunehmend Mißfallen erregen, sollen aufgehoben werden[24].

Diese Forderungen, die in Eberlins Reformkonzept bereits auf eine Lösung nicht nur des Reichs, sondern auch der Reichskirche von Rom hinauslaufen, wurden mit anderer Zielrichtung seit langem erhoben. In der Concordantia catholica und den anderen Reformschriften des 15. Jahrhunderts stellen gleichlautende oder doch ähnliche Reformvorschläge noch den Versuch einer innerkirchlichen Reform dar, die im übrigen die überkommene Einheit von Reich und Kirche nicht antasten[25]. Für Cusanus geht es um die rechte — die alte, ursprüngliche — Grenzziehung zwischen weltlichem und kirchlichem Bereich[26]. Werden die an Geistliche vergebenen Lehen dem Reich entfremdet, wird nicht nur die mit der Belehnung verfolgte Absicht, das Reich zu stärken, in ihr Gegenteil verkehrt. Die Kirche schadet damit dem Reich, aber ebenso sich selbst, weil sie in Sorge um materiellen Gewinn und weltliche Macht ihre geistlichen Aufgaben vernachlässigt[27]. Auch die Reformatio Sigismundi verlangt lediglich eine Säkularisierung der geistlichen Herrschaft im Reich. Die Ausübung jeder Art von Herrschaftsrechten durch die Bischöfe sieht sie als unvereinbar mit den kirchlichen Auf-

[21] Der erst büdtsgnosz, in: Enders Neudrucke, Bd. I, S. 11. Parallelen ergeben sich zur Reformatio Sigismundi, vgl. Heinrich Koller, RS, S. 126, 128.

[22] Der .XI. büdtgnoß, in: Enders Neudrucke, Bd. I, S. 128.

[23] Der .X. büdtgnoß, in: Enders Neudrucke, Bd. I, S. 111: „Der vogt im flåcken vnd der radt soll gewalt haben vber pfaffen wie vber ander leüt." Der XV. bundtgnoß, in: Enders Neudrucke, Bd. I, S. 167: „Welcher seit, das die pfaffen nit sőllen vnderworffen sin vß dem gesatz gottes den layen in zeitlichen dingen zů straff vnd vrthail, der irret ..."

[24] Der .XII. büdtgnoß, in: Enders Neudrucke, Bd. I, S. 135.

[25] Karl Jaspers, „Nikolaus Cusanus", S. 172: „Sacerdotium und imperium finden sich zusammen als Einheit Verschiedener." Hellmuth Rössler, Europa im Zeitalter von Renaissance, Reformation und Gegenreformation 1450 - 1650, S. 180.

[26] Gerhard Kallen, Conc. cath. III, cap. 29, S. 434. Tilman Stuve, Reform oder Revolution?, in: ZGORh, 126. Bd. (1978), S. 79, 80.

[27] Gerhard Kallen, Conc. cath. III, cap. 29, S. 433. Andreas Posch, Die „Concordantia catholica" des Nikolaus v. Cusa, S. 195.

gaben an[28]. Dem Oberrheinischen Revolutionär geht es — etwa ein halbes Jahrhundert später — schon nicht mehr um nur innerkirchliche Reformen und Kompetenzabgrenzungen. Unzufrieden mit dem Übergreifen der Kirche in Reichsangelegenheiten und ohne Hoffnung auf eine durchsetzbare ausgewogene Reform, nimmt er die extreme Gegenposition ein — Unterordnung der Kirche unter die Interessen und die Aufsicht des Reichs[29].

### 3. Die staatliche Organisation des Reichs

#### *a) Reichsaufbau*

Eberlins Verfassungskonzeption einer neuen Ordnung des Reichs sieht einen fünfstufigen Staatsaufbau wie folgt vor[1]:

(1) Grundlage ist die dörfliche Gemeinschaft, der ein Schultheiß vorsteht.

(2) Mehrere Dörfer mit insgesamt zweihundert Hofstätten bilden eine Vogtei.

(3) Jeweils zehn Vogteien sollen einer Stadt unterstellt werden. Gebiete mit weniger als zehn Vogteien werden einem sogenannten Kastell zugeordnet.

(4) Je zehn Städte und Kastelle werden unter der Herrschaft eines Fürsten zusammengefaßt.

(5) Aus dem Kreis dieser Fürsten ist der König zu wählen.

Eberlin geht das Problem einer straffen Reichsgewalt unter dem Aspekt der Herrschaftsbegründung an. Er beschäftigt sich detailliert mit dem Aufbau der Herrschaftspyramide, wobei er sich von den tatsächlichen Verhältnissen seiner Zeit völlig löst. Seine Änderungsvorschläge sind von grundsätzlicher verfassungsrechtlicher Bedeutung. Mit der funktionellen Seite des Reichsaufbaus, mit der Herrschaftsausübung im einzelnen, befaßt er sich kaum. Das unterscheidet Eberlin von den meisten anderen Reformschriftstellern, die im Prinzip die bestehende ständische Gliederung im Reich unangetastet lassen und deshalb den Inhalt der Reichsreform der Sache nach auf eine Reichsverwaltungsreform beschränken, wobei allerdings Verwaltung nicht im Sinn moderner Gewaltenteilung zu verstehen ist, sondern als Ausübung aller

[28] Heinrich Koller, RS, S. 128, 230 - 232, 278 - 280. Lothar Graf zu Dohna, Reformatio Sigismundi, S. 163. Alfred Doren, Zur Reformatio Sigismundi, in: HVj, 21. Bd. (1922/23), S. 12, 13.

[29] Otto Eckstein, Die Reformschrift des sog. Oberrheinischen Revolutionärs, S. 41.

[1] Der .XI. büdtgnoß, in: Enders Neudrucke, Bd. I, S. 122 - 124.

staatlichen Gewalt die Gesetzgebung, Rechtsprechung und Verwaltung im heutigen engeren Sinn umfaßt.

So bedeutet für Cusanus die Schaffung einer einheitlichen und funktionstüchtigen Herrschaftsgewalt im Reich zunächst Stärkung der Stellung des Kaisers nach altem historischem Vorbild. Grundlage dafür ist der überkommene ständische Reichsaufbau, in dem weiterhin die Kurfürsten und der Adel überhaupt eine entscheidende Rolle spielen[2]. Auch die Verfasser der Reformatio Sigismundi und des Oberrheinischen Revolutionärs fordern in erster Linie eine starke kaiserliche Zentralgewalt. Übereinstimmend wird in der Concordantia catholica und in der Reformatio Sigismundi Klage darüber geführt, daß die Fürsten ihre Landesherrschaft auf Kosten des Reichs ausbauen[3]. Der Oberrheinische Revolutionär hofft auf einen starken Kaiser, auf einen Friedenskaiser, der die Macht hat, das Reich von der Spitze her zu erneuern. Das Kaisertum steht, ganz im Sinne der überkommenen mittelalterlichen Anschauung, als von Gott gesetzte Institution außer Disposition. Der jeweilige Inhaber des kaiserlichen Amtes ist der Zentralisationskern, von dem aus der Reichsaufbau abgestuft geordnet sein muß[4]. Die erforderlichen Änderungen sind administrativer Art. Der Kaiser als oberster Lehensherr, höchster Richter und Heerführer ist aufgerufen, die gestörte Ordnung wiederherzustellen und die äußere und innere Sicherheit im Reich zu gewährleisten.

Ebenso wie Eberlin mißt auch der Oberrheinische Revolutionär dem Adel bei der Erfüllung dieser Aufgabe eine große Bedeutung zu[5]. Im Gegensatz zu Eberlin und auch zum Verfasser der Reformatio Sigismundi vernachlässigt der Oberrheinische Revolutionär jedoch die Stel-

---

[2] Gerhard Kallen, Conc. cath. III, cap. 4, S. 352; cap. 25, S. 421, 422. Derselbe, Die politische Theorie im philosophischen System des Nikolaus von Cues, in: HZ, 165. Bd. (1942), S. 261. Heinz Angermeier, Begriff und Inhalt der Reichsreform, in: ZRG (GA), 75. Bd. (1958), S. 82. Ernst Reibstein, Volkssouveränität und Freiheitsrechte, Bd. I, S. 85: „Cusanus anerkennt die von ihm so oft berufene Selbstbestimmung des Volkes, der Untergebenen nur im Rahmen der bestehenden „hierarchischen Ordnung", sie soll keinesfalls in eine vom Volk selbst aufgebaute Ordnung übergehen; darunter wäre nur Durcheinander und Unsicherheit zu verstehen."

[3] Gerhard Kallen, Conc. cath. III, cap. 30, S. 435, 436. Elisabeth Bohnenstädt, Kirche und Reich im Schrifttum des Nikolaus von Cues, S. 106. Lothar Graf zu Dohna, Reformatio Sigismundi, S. 60.

[4] Annelore Franke u. Gerhard Zschäbitz, Das Buch der hundert Kapitel und der vierzig Statuten des sogenannten Oberrheinischen Revolutionärs, S. 133. OR, cap. 21, S. 248: „Dan si ein keisser ein herr von gott. Wie gott im himel ist, sol ein keiser vff erden regieren." Cap. 55, S. 338, 339; stat. 24, S. 480; stat. 28, S. 487; stat. 29, S. 489; stat. 40, S. 526, 527.

[5] Annelore Franke u. Gerhard Zschäbitz, Das Buch der hundert Kapitel und der vierzig Statuten des sogenannten Oberrheinischen Revolutionärs, S. 137. OR, cap. 23, S. 251, 254; cap. 64, S. 378; cap. 80, S. 409; stat. 15, S. 462; stat. 29, S. 488 - 490.

lung des aufstrebenden Bürgertums. Die erhebliche Macht der Städte nimmt er nicht zur Kenntnis[6]. In der Beurteilung der Städte und des Bürgertums kommt Eberlins Verfassungskonzept zwischen der Reformatio Sigismundi und dem Oberrheinischen Revolutionär eine Mittelstellung zu. Der Verfasser der Reformatio Sigismundi sucht in den Städten eine Hauptstütze des neu zu ordnenden Reichsaufbaus[7]. In Eberlins Reformplan haben sie keine eigenständige Bedeutung als Organisationsform eigener bürgerlicher Selbständigkeit, sondern sind vom Adel geführte Zwischeninstanzen zwischen Vogtei und Fürstentum und damit wesentlich stärker in einen straffen Staatsaufbau eingebunden.

### *b) Allgemeines aktives Wahlrecht*

Grundprinzip der systematisch von unten nach oben aufgebauten staatlichen Organisation ist das allgemeine aktive Wahlrecht, zu dessen Begründung und Inhalt Eberlin nichts weiter ausführt. Die wenigen konkreten Angaben bleiben im Grundsätzlichen. Zu Verfahrensfragen, etwa der Durchführung der Wahlen, äußert sich Eberlin nicht. Eher nebenbei und unzusammenhängend gibt er im 11. Bundesgenossen seine Vorstellungen — einzelne Gedankengänge und Forderungen — wieder, die in ihrer Gesamtheit die Grundlage seines Staatsaufbaus erkennen lassen. Ausgangspunkt ist zunächst, daß keines der öffentlichen Ämter vererblich sein soll. Im Zusammenhang damit erwähnt Eberlin, daß jedoch dem bisherigen Amtsinhaber nahestehende Personen — beispielhaft führt er Freunde an — „von allen vnderthonen" gewählt werden können[8]. Die in einem Nebensatz eher versteckt als ihrer Bedeutung gemäß herausgestellte grundlegende Aussage ist die einzige konkrete Belegstelle für das allgemeine und, um mit heutiger Wertung und Terminologie zu ergänzen, gleiche und freie Wahlrecht. Für eine Beschränkung dieses Wahlrechts, etwa nach dem Bildungsstand oder nach den Vermögens- und Einkommensverhältnissen, ergeben sich aus den Schriften Eberlins keine Anhaltspunkte.

---

[6] Vom Stadtbürgertum hält der Oberrheinische Revolutionär wenig. Er wirft ihm ein übergroßes Streben nach ungerechtfertigtem Gewinn und übermäßigem Luxus vor. Annelore Franke u. Gerhard Zschäbitz, OR, cap. 58, S. 352: „Aber man strofft die kleinen dieb, vnd die grossen wůcherer vnd fourkouffer, sacrilegien nit. Ein kauffman, der in einem jor tusen guldi mit liegen vnd triegen gewind, den heyst man gnod herr." Cap. 38, S. 296; stat. 11, S. 454. Klaus Arnold, „Oberrheinischer Revolutionär" oder „Elsässischer Anonymus"?, in: AKG, 58. Bd. (1976), S. 421.

[7] Zu beachten ist allerdings, daß die noch erhaltenen Handschriften u. a. auch in diesem Punkt Abweichungen voneinander aufweisen, die auf unterschiedliche Wertungen späterer „Bearbeiter" zurückzuführen sind. So wird in der sog. Vulgat-Fassung die Rolle der Reichsstädte besonders hervorgehoben. Vgl. dazu Tilman Struve, Reform oder Revolution?, in: ZGORh, 126. Bd. (1978), S. 77.

[8] Der .XI. büdtgnoß, in: Enders Neudrucke, Bd. I, S. 123.

Das Wahlrecht und das noch näher zu erläuternde Ratsprinzip, wonach jeder Amtsinhaber in seiner Herrschaftsausübung an ein ihm beigeordnetes Ratsmännergremium gebunden ist[9], kommen im Ergebnis dem nahe, was mit moderner Begriffsbestimmung als demokratische Legitimation staatlicher Gewalt bezeichnet werden kann. Selbstverständlich konnte es Eberlin, dem Zeitgenossen der Reformation, nicht um die Postulierung eines dogmatisch reinen demokratischen Prinzips gehen. Dafür hätte ihm, aus der Sicht seiner Zeit, nicht nur das Verständnis, sondern auch die Einsicht in die Notwendigkeit gefehlt. Dogmatiker war er ohnehin nicht, vielmehr Praktiker, der pragmatische Lösungen suchte. Die Parallelen des Staatsaufbaus im 11. Bundesgenossen zu dem im 10. Bundesgenossen beschriebenen Kirchenaufbau weisen auf die theologischen Grundlagen in Eberlins Reformkonzept. Die Gleichheit aller, auf der sein Wahlrecht beruht, bedeutet für Eberlin noch nicht das höchstpersönliche Recht eines jeden einzelnen eben auf diese Gleichheit. Sie ist für ihn die Gleichheit aller Menschen vor Gott. Dieser Gleichheitsbegriff war, entsprechend seines religiösen Bezugs, nach mittelalterlicher Anschauung vereinbar mit Ungleichheiten und Unfreiheiten, die als gottgewollter irdischer Zustand hinzunehmen waren und hingenommen wurden[10]. Zwar ergaben sich daraus, gerade im Bauernkrieg, auch einzelne politische Forderungen, die jedoch weniger völlige Gleichheit als vielmehr persönliche Freiheit und Gleichwertigkeit unter Beibehaltung der ständischen Gliederung zum Ziel hatten. Knapp und treffend hat deshalb Buszello[11] den dritten der Zwölf Artikel der Bauernschaft von 1525, der sich mit der Leibeigenschaft befaßt, als „sozialen Gleichwertigkeitsanspruch im religiösen Gewande" bezeichnet. Eine grundsätzliche und prinzipielle Umsetzung religiös motivierter Gleichheitsvorstellungen im verfassungsrechtlichen Bereich wurde daraus nicht gefolgert und ist auch von Eberlins Reformkonzept nicht zu erwarten; ebensowenig wie etwa heute der in Artikel 3 des Grundgesetzes statuierte Gleichheitssatz auf einer religiösen Begründung beruht oder einer solchen Begründung bedarf. Die Ausdehnung der allgemeinen Wahlberechtigung aus prinzipiellen Erwägungen auch auf das Frauenwahlrecht wäre bei Eberlin — aus der ihm möglichen Sicht — auf Unverständnis gestoßen. Für ihn bedeutete es auch nicht eine Verletzung seines Gleichheitsverständnisses, das passive Wahlrecht auf

---

[9] Der .XI. büdtgnoß, in: Enders Neudrucke, Bd. I, S. 122: „Kein oberhand soll gewalt haben etwas zů thůn on hylff vnd rat deren, so vom hauffen der vnderthon darzů gesatzt oder geordnet sind."

[10] Als göttliche Ordnung fand die soziale Schichtung in Welt und Kirche ihre natürliche und theologische Rechtfertigung (Ekklesiologie der Ständeordnungen). Gerd Tellenbach, Irdischer Stand und Heilserwartung im Denken des Mittelalters, in: Festschrift Heimpel, Bd. II, S. 1, 5.

[11] Horst Buszello, Der deutsche Bauernkrieg von 1525 als politische Bewegung, S. 16, 17.

den Adel zu beschränken[12]. So soll bereits das Amt des Schultheißen nur mit einem Edelmann besetzt werden können. Die Vogtei ist dem Ritterstand vorbehalten. An der Spitze eines Kastells soll ein Freiherr stehen; der Stadt hat ein Graf vorzustehen. Darüber sind die Ämter zwingend mit Angehörigen des Fürstenstandes zu besetzen. Der Gefahr einer eigenständigen Adelsherrschaft und der Verselbständigung dieser Spitzenpositionen im Reichsaufbau wirkt entgegen, daß sie in keinem Fall vererblich sind. Außerdem beinhaltet das strikt durchgeführte Prinzip des Wahlamtes zwangsläufig auch die Möglichkeit der jederzeitigen Abwahl.

Die bevorzugte Stellung des Adels hinsichtlich des passiven Wahlrechts zeigt Eberlins Verbundenheit mit der überkommenen Ordnung, von der er sich bei aller grundlegenden Neuerung nicht vollständig lösen kann. Auch in diesem Zusammenhang wird deutlich, daß es Eberlin nicht um eine systematische und konsequente Durchbildung des Verfassungsrechts auf der Grundlage absoluter Gleichheit geht. Wichtig ist für ihn allein die Schaffung eines funktionsfähigen Reichsaufbaus, unabhängig von demokratischen Grundsatzvorstellungen, die er aus der Sicht seiner Zeit nicht haben konnte. Entscheidend ist, daß die eigentliche Staatsgewalt nach seinem Reformkonzept nicht mehr bei einer unabhängigen, abgeschlossenen Herrschaftsschicht liegen sollte, sondern vom Volk in allgemeinen Wahlen praktikabel ausgeübt werden konnte. Außerdem hätte die Durchführung dieses Verfassungsplans mit der Zeit zu einem nicht unwesentlichen Bedeutungs- und Funktionswandel des Adels und im Ergebnis zu einer weniger abgeschlossenen Volksschicht geführt. Der Geburtsadel hätte sich allmählich zu einer Amtsnobilität entwickelt, deren Ansehen und herausragende Stellung immer mehr von dem wahlbedingten Zugang zu einem der Staatsämter abhängig geworden wäre. Auch von dieser Seite, nämlich der tatsächlichen Entwicklung, wäre die Gefahr einer souveränen Aristokratie zunehmend geringer geworden.

Insgesamt gesehen, stellt sich Eberlins Verfassungsmodell in revolutionärer Einfachheit und bestechender Klarheit dar. Die Idee, alle Herrschaftsgewalt im Reich, ihre Ausübung auf jeder Stufe des Staatsaufbaus allein aus allgemeinen Wahlen zu begründen, ist die großartigste Leistung Eberlins. Sie hebt sein Werk heraus aus der Fülle vergleichbarer Reformschriften und ähnlicher Pläne zur Erneuerung des Reichs. Dabei besteht Eberlins Verdienst nicht so sehr in der Originalität geistiger Urheberschaft. Denn im Prinzip war diese Idee nicht neu.

Bereits die von Manegold von Lautenbach entwickelte und von Marsilius von Padua und Occam weitergeführte Theorie von der Volks-

[12] Der .XI. büdtgnoß, in: Enders Neudrucke, Bd. I, S. 122.

souveränität weist in diese Richtung[13]. Später greift Cusanus diesen Gedanken auf, indem er für jede Herrschaftsausübung die Zustimmung der Gewaltunterworfenen fordert. Das Mittel, den auf freiwilliger Unterordnung beruhenden Gesamtkonsens herbeizuführen, ist bereits bei Cusanus die Wahl durch das Volk. Nur die aufgrund wählender Übereinstimmung zustandegekommene Herrschaft ist Rechtens und entspricht dem vorgegebenen göttlichen und natürlichen Recht, das als letzte Grundlage allen menschlichen Rechts nicht zur Disposition steht[14]. Das mit einem solchen Absolutheitsanspruch ausgestattete Wahlrecht sprengt nur deshalb nicht den Rahmen des geltenden Reichsverfassungsrechts, weil Cusanus gleichzeitig die Delegation der Wahlausübung auf einige wenige, nach altem Herkommen auf die Kurfürsten als Repräsentanten des Gesamtvolks zuläßt[15]. Cusanus selbst sieht die daraus folgende Diskrepanz zwischen theoretischem Anspruch und tatsächlicher Auswirkung. Er sucht deshalb die Kurfürsten bei der Ausübung der de facto allein bei ihnen liegenden Wahlberechtigung ausschließlich auf das Reichswohl zu verpflichten[16]. Oft betrete der Kaiser die Reichsherrschaft nur durch die Türe der Wahlpakten, Verträge und Verabredungen mit den ihren eigenen Vorteil suchenden Wahlfürsten. Indem die Kurfürsten die ihnen anvertraute Macht dazu mißbrauchten, immer mehr kaiserliche Rechts- und Herrschaftsgebiete in ihren Besitz zu bringen, zerstörten sie das Reich und schließlich infolge des dann unausweichlichen Zusammenbruchs aller Ordnung auch sich selbst. Die Wahlversammlungen der Fürsten müßten deshalb aufhören, Vernichtungsarbeit am Reich zu bedeuten[17]. Dieses Verhalten prangert auch die Reformatio Sigismundi an. Sie fordert die Rückgabe aller dem Reich

[13] Gerhard Kallen, Nikolaus von Cues als politischer Erzieher, S. 22. Kurt Wolzendorff, Staatsrecht und Naturrecht in der Lehre vom Widerstandsrecht des Volkes gegen rechtswidrige Ausübung der Staatsgewalt, S. 11 ff. Vgl. auch oben S. 51, Anm. 16 u. 17.

[14] Elisabeth Bohnenstädt, Kirche und Reich im Schrifttum des Nikolaus von Cues, S. 79. Annelore Franke u. Gerhard Zschäbitz, Das Buch der hundert Kapitel und der vierzig Statuten des sogenannten Oberrheinischen Revolutionärs, S. 59. Gerhard Kallen, Die politische Theorie im philosophischen System des Nikolaus von Cues, in: HZ, 165. Bd. (1942), S. 257.

[15] Gerhard Kallen, Conc. cath. III, cap. 4, S. 345 ff.; cap. 25, S. 425. Derselbe, Die politische Theorie im philosophischen System des Nikolaus von Cues, in: HZ, 165. Bd. (1942), S. 261, 262. Peter Pernthaler, Die Repräsentationslehre im Staatsdenken der Concordantia Catholica, in: Nikolaus Grass (Hg.), Cusanus Gedächtnisschrift, S. 52. Andreas Posch, Die „Concordantia catholica" des Nikolaus v. Cusa, S. 172, 175. Ernst Reibstein, Volkssouveränität und Freiheitsrechte, Bd. I, S. 78.

[16] Johannes Bärmann, Cusanus und die Reichsreform, in: MFdCG, 4. Bd. (1964), S. 98. Erik Hühns, Theorie und Praxis in der Reichsreformbewegung des 15. Jahrhunderts, in: WZHUB, 1. Bd. (1951/52), S. 23.

[17] Gerhard Kallen, Conc. cath. III, cap. 30, S. 435, 436; cap. 36 - 38, S. 447 - 454. Elisabeth Bohnenstädt, Kirche und Reich im Schrifttum des Nikolaus von Cues, S. 105 ff. Andreas Posch, Die „Concordantia catholica" des Nikolaus v. Cusa, S. 196.

entfremdeten und verpfändeten Rechte und Güter zur Verfügung des Kaisers[18].

Auch der Oberrheinische Revolutionär hat neben der göttlichen Ableitung des Kaisertums dessen vertragliche Bindung vor Augen, wenn er verlangt, daß der Kaiser zunächst die Erfüllung seiner Herrscherpflichten zu beschwören hat und erst danach den Gehorsamseid der Untertanen entgegennimmt und gekrönt wird. Da der Kaiser wie jeder andere Recht und Gesetz unterworfen ist, kann er in einem ordentlichen Verfahren abgesetzt und verbannt werden. Darüber hinaus ist den Reichsständen als Teil der Obrigkeit aufgrund göttlichen Gebots ein Widerstandsrecht gegen gottlose Herrscher gegeben. Ein allgemeines, dem gemeinen Mann zustehendes Selbsthilferecht lehnt der Oberrheinische Revolutionär jedoch ab[19]. Erst recht ist ihm eine wirksame Kontrolle der kaiserlichen und aller anderen Herrschaftsgewalt im Reich durch eine gleichberechtigte Einflußnahme aller Gewaltunterworfenen in allgemeinen Wahlen fremd.

Die Beschränkung des Wahlprinzips auf die Bestimmung des Königs bzw. Kaisers durch die Kurfürsten erscheint, gemessen am theoretischen Ansatz der Lehre von der Volkssouveränität, inkonsequent. Sie war auch in ihrer praktischen Auswirkung nicht geeignet, dem Reich eine verfassungsrechtlich abgesicherte starke Zentralgewalt zu geben. Die Delegation des im Prinzip allen Gewaltunterworfenen zustehenden Wahlrechts auf einige wenige, die ihrerseits nicht durch freie und gleiche Wahlen bestimmt werden mußten und konnten, bedeutete nicht nur eine Wahlmodalität, gewissermaßen nur eine Verfahrensfrage. Sie war vielmehr eine vollständige Aushöhlung und Negierung der ihrer Idee nach allgemeinen Wahlberechtigung. Denn folgerichtig war das Volk insgesamt als selbständiger Inhaber der obersten Souveränität anzusehen[20]. Das Recht der Königs- bzw. Kaiserwahl durch die Kurfürsten war ein grundlegender Bestandteil des Reichsverfassungsrechts und den Kurfürsten auf verfassungsrechtlichem Wege von den in der Wahl „vertretenen" Gewaltunterworfenen nicht zu entziehen[21]. Die verblei-

[18] Heinrich Koller, RS, S. 238, 240: „Man soll pey keyserlicher vermanung alles reich billich darzüthunn, wo sich das findet, es sey an den kurfursten oder anderswo, was zü dem reich gehort oder gehort hat."

[19] Annelore Franke u. Gerhard Zschäbitz, Das Buch der hundert Kapitel und der vierzig Statuten des sogenannten Oberrheinischen Revolutionärs, S. 116. OR, cap. 33, S. 282; stat. 24, S. 480; stat. 28, S. 487; stat. 29, S. 489; stat. 33, S. 503; stat. 39, S. 525. Otto Eckstein, Die Reformschrift des sog. Oberrheinischen Revolutionärs, S. 35.

[20] Friedrich H. Schubert, Die deutschen Reichstage in der Staatslehre der frühen Neuzeit, S. 400, 401.

[21] Karl Zeumer, Die Goldene Bulle Kaiser Karls IV., in: Quellen und Studien zur Verfassungsgeschichte des Deutschen Reiches in Mittelalter und Neuzeit, Bd. II, Heft 1, S. 226, 227.

bende Alternative, der Bruch des Reichsrechts, erklärt, warum nicht schon Cusanus und die anderen Reformschriftsteller des 15. Jahrhunderts aus der Lehre von der Volkssouveränität die tatsächliche Ausübung des allgemeinen Wahlrechts ableiten konnten und wollten. Damit hat die Achtung vor der überkommenen Rechtsordnung der Forderung nach einer grundlegenden Reform des Reichs an Haupt und Gliedern auch dann noch unantastbare Grenzen gesetzt, als das Beharren auf der alten Rechtsübung den Bestand des Reichs bereits ernsthaft gefährdete.

Auch Eberlin stellt kein sofort zu verwirklichendes Reformprogramm auf. Er wertet seinen Verfassungsplan vielmehr selbst als Utopie[22]. Dabei handelt es sich freilich um eine Utopie, die als Leitlinie für einen funktionfähigen Reichsaufbau hätte dienen können. Erst in Eberlins Verfassungsmodell wird das Prinzip des allgemeinen Wahlrechts in seiner ganzen Tragweite deutlich. Zwar haben die Fürsten auch nach Cusanus nur Reichsämter inne, die ihnen vom Kaiser wieder genommen werden können[23]. Da er aber den Gegensatz zwischen der reinen Ämterordnung und der fürstlichen Eigenmacht in verfassungskonformer Weise durch seine Repräsentationslehre überwinden will, läßt er den überkommenen ständischen Reichsaufbau unangetastet[24]. Durch die reichsrechtlich und tatsächlich starke Stellung der Kurfürsten, die ihnen insgesamt als Wahlinstitution zukommt, haben systemimmanent die föderativen Elemente und — im Mißbrauchsfall — die das Reich sprengenden Kräfte gegenüber dem Kaisertum das Übergewicht. Die Entwicklung der fürstlichen Landesherrschaften war somit im Reichsverfassungsrecht selbst angelegt und hat schließlich zu dem Zustand geführt, den bereits Cusanus warnend vorausgesagt hatte: „Dann wird man in deutschen Landen das Reich suchen, und es wird hier nicht mehr zu finden sein. Und in der Folge werden Fremde sich unserer Gebiete bemächtigen, wir selbst werden unter uns zerspalten und fremder Nation unterworfen werden[25]."

---

[22] Vgl. oben S. 21, Anm. 51. Susan Groag Bell, Johan Eberlin von Günzburg's Wolfaria the first Protestant utopia, in: ChH, 36. Bd. (1967), S. 122 ff. Zum Begriff der Utopie als derjenigen Form, in der es den unterdrückten Schichten allein möglich war, ihr Verlangen nach gesellschaftlicher Veränderung zu artikulieren, vgl. Tilman Struve, Utopie und gesellschaftliche Wirklichkeit, in: HZ, 225. Bd. (1977), S. 94.

[23] Andreas Posch, Die „Concordantia catholica" des Nikolaus v. Cusa, S. 193.

[24] Peter Pernthaler, Die Repräsentationslehre im Staatsdenken der Concordantia Catholica, in: Nikolaus Grass (Hg.), Cusanus Gedächtnisschrift, S. 89.

[25] Gerhard Kallen, Conc. cath. III, cap. 32, S. 438. Elisabeth Bohnenstädt, Kirche und Reich im Schrifttum des Nikolaus von Cues, S. 112. Etwa ein halbes Jahrhundert später nimmt der Oberrheinische Revolutionär diese Warnung in ähnlicher Weise wieder auf. Annelore Franke u. Gerhard Zschäbitz,

Mit den Erhebungen im Bauernkrieg gerät die Verwirklichung eines Reichsaufbaus auf der Grundlage des allgemeinen Wahlrechts für wenige Monate in den Bereich der Möglichkeit. Neben den Forderungen der Bauern, die sich auf eine Reform des Gerichts- und Verwaltungsaufbaus bei grundsätzlicher Anerkennung der überkommenen Reichs- und Landesherrschaft beziehen, wird der Drang nach einer, wenn auch noch wenig präzisierten Teilhabe des gemeinen Mannes am politischen Leben deutlich. Über das Tagesgeschehen hinausweisende Verfassungsentwürfe, etwa der des Waldshuter Pfarrers und Reformators Balthasar Hubmayer, verlangen die Wahl der Obrigkeit durch das gesamte Volk[26]. Durch den Ausgang des Bauernkriegs wird der denkbare Ansatz für eine Entwicklung des Reichs zu einem Staatswesen auf demokratischer Grundlage ebenso verschüttet wie das Entstehen einer Nationalkirche. Die Idee des allgemeinen Wahlrechts bleibt in Deutschland für nahezu vier Jahrhunderte eine Option auf die Zukunft. Sie überdauerte das Heilige römische Reich deutscher Nation und bedurfte schließlich zu ihrer endgültigen Durchsetzung des Zusammenbruchs eines weiteren, des zweiten deutschen Kaiserreichs Bismarckscher Prägung.

### *c) Ratsverfassung*

Der Grundsatz des allgemeinen Wahlrechts zur Begründung jeglicher Herrschaftsgewalt wird ergänzt durch das Ratsprinzip für den Bereich der Herrschaftsausübung. Die Machtbefugnis eines jeden Amtsinhabers ist beschränkt durch ebenfalls gewählte Ratsgremien[27]. In allen Räten sollen ebensoviel Bauern, d. h. sinngemäß sicher zutreffend verallgemeinert — Männer aus dem einfachen Volk, wie Angehörige des Adels vertreten sein[28]. Entsprechend Eberlins strikter Trennung zwischen kirchlichem und weltlichem Bereich ist den Geistlichen jede Ratsmitgliedschaft versagt[29]. Weitere Anweisungen gibt Eberlin für die Zusammensetzung der Ratsgremien ab der Vogteiebene. Danach besteht der Rat der Vogtei aus den Schultheißen und je einem weiteren Mitglied für jedes zugehörige Dorf. Der Rat eines Kastells soll fünfzehn, der einer Stadt dreißig Mitglieder umfassen[30]. Auf der höchsten Ebene

---

OR, cap. 81, S. 411: „Aber ich hab geseit noch dem bůchstaben der gelerten, wan das Romsch Rich wirt zerteilt in vil henden ... Der eigennutz der regenten ist zů gemein worden."

[26] Günther Franz, Der deutsche Bauernkrieg, S. 137.

[27] Der .XI. bůdtgnoß, in: Enders Neudrucke, Bd. I, S. 122: „Kein oberhand soll gewalt haben etwas zů thůn on hylff vnd rat deren, so vom hauffen der vnderthon dazů gesatzt oder geordnet sind."

[28] Der .XI. bůdtgnoß, a.a.O., S. 123.

[29] Der .XI. bůdtgnoß, a.a.O., S. 128.

[30] Der .XI. bůdtgnoß, a.a.O., S. 124.

ist dem König ein Reichsrat beigeordnet, dem echte Mitentscheidungsbefugnisse zustehen. Ohne dessen Zustimmung darf insbesondere — Eberlin erwähnt dies beispielhaft — kein Krieg geführt werden[31].

Dieses dualistische Prinzip an der Spitze der einzelnen Verwaltungsebenen und auch auf der obersten Regierungsebene für das gesamte Reich wirft die Frage auf nach dem Zusammenspiel beider Institutionen. Sowohl der Repräsentant einer jeden Gliederung des Reichsaufbaus als auch das jeweilige Ratsgremium sind unabhängig voneinander durch die Wahl legitimiert. Eine Kompetenzabgrenzung im einzelnen trifft Eberlin nicht. Dennoch darf aus der Grundkonzeption auf ein zwar beschränktes, aber doch überwiegendes Präsidialprinzip geschlossen werden.

Der jeweilige Repräsentant, Schultheiß, Vogt usw. bis zum König, ist zwar einerseits an die Zustimmung seines Ratsgremiums gebunden, so daß er im Konfliktsfall seine Entscheidung nicht gegen den Rat durchsetzen kann. Andererseits kann das Ratsgremium nicht selbst initiativ werden. Läßt sich eine Einigung nicht erreichen, kommt es zu einer Pattsituation und damit zu überhaupt keiner Entscheidung. Das Erfordernis seiner Zustimmung zu Regierungs- und Verwaltungsakten bei gleichzeitigem Fehlen einer eigenständigen Entscheidungs- und Regelungskompetenz macht den Rat auf jeder Stufe des Reichsaufbaus zu einer reinen Kontrollinstanz. Dieses dualistische System wirkt im Prinzip hemmend auf den Entscheidungsprozeß, ist dafür aber geeignet, Mißbräuche eines einzelnen Amtsträgers in der Herrschaftsausübung zu verhindern. An eine Abgrenzung nach sachlichen Zuständigkeitsbereichen, etwa an eine Unterscheidung zwischen laufenden Geschäften normaler Verwaltungsroutine und Grundsatzangelegenheiten, hat Eberlin offensichtlich nicht gedacht oder aber eine solche Detailregelung im Sinne des modernen Staats- und Gemeindeverfassungsrechts nicht für erforderlich gehalten.

Deutlich klingen ständisch geprägte Überlegungen an, die einerseits noch überkommenem mittelalterlichem Denken entsprechen, andererseits bereits reformatorische Forderungen berücksichtigen. Während Geistliche ganz ausgeschlossen sind, wird der gleichberechtigte Einfluß des Adels durch die vorgeschlagene paritätische Besetzung in den Ratsgremien gesichert.

Auffallend, in ihrer Zielrichtung jedoch nicht eindeutig zu bestimmen sind zwei weitere Einzelregelungen. Mit den Schultheißen im Vogteirat und den Fürsten im obersten Reichsrat[32] gehören diesen beiden Ratsgremien jeweils die Repräsentanten der nachgeordneten Verwaltungs-

---

[31] Der .XI. büdtgnoß, in: Enders Neudrucke, Bd. I, S. 123, 126.

[32] Der .XI. büdtgnoß, a.a.O., S. 122, 123.

ebenen an. Diese Festlegung ist zweifellos geeignet, das föderative Element im Reichsaufbau zu verstärken. Bei Eberlins Vorliebe, auch Systemfragen nur beispielhaft zu behandeln, kann diese Regelung durchaus als Grundprinzip für den gesamten Reichsaufbau verstanden werden, auch wenn entsprechende Hinweise für die Zusammensetzung der Ratsgremien auf Kastell-, Stadt- und Fürstentumsebene fehlen. Sinnvoll wäre eine solche durchgängige Struktur jedenfalls deshalb, weil dadurch die Interessen des jeweils nachgeordneten Verwaltungsbereichs innerhalb der nächst größeren Organisationseinheit institutionell abgesichert wären.

Insgesamt läßt sich feststellen, daß Eberlins Vorschläge zwar einzelne Grundprinzipien festlegen oder doch wenigstens andeutungsweise erkennen lassen, aber doch auch genügend Spielraum für Modifikationen bieten, die sich erst bei der praktischen Erprobung im Zusammenspiel der einzelnen Teilgewalten ergeben könnten.

Bereits in der Concordantia catholica finden sich Ansatzpunkte für eine Ratsverfassung, die mit Eberlins Reformvorschlägen allerdings nur bedingt vergleichbar sind. Nach Nikolaus von Kues sollen neben den herkömmlichen Reichstagen jährliche Reichsversammlungen der Kurfürsten und der aus den drei Ständen des Adels, der Geistlichkeit und der Bürger zu entnehmenden Kreisrichter abgehalten werden. Auch die Teilnahme von Vertretern aller größeren Städte war vorgesehen[33]. Reichstage der bisherigen Art sollten dann einberufen werden, wenn die Bedeutung des Verhandlungsgegenstands die Mitwirkung nicht nur der Kurfürsten, sondern auch der übrigen Reichsfürsten erforderte. Zur Unterstützung des Kaisers in den laufenden Regierungsgeschäften war ein ständiger, vom Reichstag gewählter und vereidigter Reichsrat vorgesehen[34]. Eine gleichberechtigte, durch ein allgemeines Wahlrecht abgesicherte Teilhabe des gemeinen Mannes an der Regierungsgewalt im Reich war damit nicht verbunden. Den Rahmen der vorgegebenen hierarchischen Ordnung wollte Cusanus mit seinen Reformvorschlägen nicht sprengen[35]. Auch der Reformatio Sigismundi und dem Oberrheinischen Revolutionär geht es nicht um eine institutionell verbürgte Selbstbestimmung des Volkes insgesamt, sondern um die Stärkung der kaiserlichen Zentralgewalt gegenüber fürstlicher Eigenständigkeit[36]. An

---

[33] Gerhard Kallen, Conc. cath. III, cap. 32, S. 438; cap. 35, S. 442. Johannes Bärmann, Cusanus und die Reichsreform, in: MFdCG, 4. Bd. (1964), S. 98. Tilman Struve, Reform oder Revolution?, in: ZGORh, 126. Bd. (1978), S. 90.

[34] Andreas Posch, Die „Concordantia catholica" des Nikolaus v. Cusa, S. 179. Friedrich H. Schubert, Die deutschen Reichstage in der Staatslehre der frühen Neuzeit, S. 91, 92.

[35] Ernst Reibstein, Volkssouveränität und Freiheitsrechte, S. 85.

[36] Lothar Graf zu Dohna, Reformatio Sigismundi, S. 60, 105. Annelore Franke u. Gerhard Zschäbitz, Das Buch der hundert Kapitel und der vierzig

eine so grundlegende Umgestaltung der bestehenden Herrschafts- und Machtverhältnisse im Reich, wie sie Eberlins Verfassungsplan aufzeigt, ist in den an alten historischen Vorbildern orientierten Reformschriften des 15. Jahrhunderts noch nicht gedacht.

Bedeutung erlangte die Idee der Ratsverfassung jedoch im Bauernkrieg. Unterschiedlich in ihrer Zusammensetzung, ihrer Wirkung und Funktion, wurden Ratsgremien vorübergehend zur Institution bäuerlicher und auch bürgerlicher Herrschaftsausübung. Während die Programme und Reformvorhaben der Bauern zunächst nur auf den unmittelbaren Lebensbereich des gemeinen Mannes, auf eine Selbstverwaltung innerhalb der Gemeinde zielen, greifen die Forderungen in einzelnen Aufstandsgebieten darüber hinaus. Soweit außer dem Kaiser noch ein Landesherr als Zwischeninstanz geduldet wird, soll ihm ein landständisches Regiment zur Seite gestellt werden[37]. In den geistlichen Gebieten Salzburg, Bamberg und Würzburg, im Herzogtum Württemberg und in Tirol verlangen die Aufständischen eine paritätische Besetzung des Regiments mit Vertretern des Adels, der Bürger und Bauern. Die Markgräfler Bauern fordern das Regiment, neben dem der Markgraf von Baden keine eigenständige Regierungsgewalt mehr haben soll, für sich allein[38]. Auch Michael Gaismairs „Tiroler Landesordnung“[39] von 1526 schließt nicht nur die Geistlichen, sondern auch Adel und Bürgerschaft aus. Allein Abgesandte der Bauern und Bergwerksarbeiter sollen das Land regieren[40]. Anders als nach Eberlins Verfassungsplan ist das Ratssystem in diesen Modellen nicht bis zur Reichsspitze durchgebildet. Die Stellung des Kaisers, die durch Veränderungen im Reichsaufbau von unten bis zu den Landesherrschaften nicht unberührt hätte bleiben können, wird formal nicht angetastet. Mit dem Ausgang des Bauernkriegs werden die Ansätze zu einer Neuordnung des Reichs unter maßgeblicher Beteiligung des gemeinen Mannes — wie von Eberlin auch für seinen Verfassungsplan vorausgesehen — zur Utopie.

---

Statuten des sogenannten Oberrheinischen Revolutionärs, S. 113, 114, 133. Ferdinand Seibt, Utopica. Modelle totaler Sozialplanung, S. 53. Tilman Struve, Reform oder Revolution?, in: ZGORh, 126. Bd. (1978), S. 99.

[37] Horst Buszello, Die Staatsvorstellung des „gemeinen Mannes“ im deutschen Bauernkrieg, in: HZ, Beiheft 4 (1975), S. 278.

[38] Peter Blickle, Die Revolution von 1525, S. 220, 221. Horst Buszello, Der deutsche Bauernkrieg von 1525 als politische Bewegung, S. 70. Günther Franz, Der deutsche Bauernkrieg, S. 138, 160, 161, 166.

[39] Günther Franz, Quellen zur Geschichte des Bauernkrieges, Nr. 92, S. 285.

[40] Horst Buszello, Die Staatsvorstellung des „gemeinen Mannes“ im deutschen Bauernkrieg, in: HZ, Beiheft 4 (1975), S. 288. Ferdinand Seibt, Utopica. Modelle totaler Sozialplanung, S. 85, 86.

### *d) Verwaltungsorganisation*

Den Vogteien und Städten bzw. Kastellen kommt nach Eberlins Reformkonzept ein weitgehendes Selbstverwaltungsrecht zu. Das Ratskolleg der Vogtei unter dem Vorsitz des Vogts hat in monatlichen Zusammenkünften alle örtlichen Angelegenheiten des Vogteibezirks in eigener Zuständigkeit zu verhandeln und zu entscheiden[41]. Ähnliches gilt, das darf aus dem Zusammenhang entnommen werden, da Eberlin im einzelnen nichts dazu ausführt, auch für die übrigen Verwaltungsebenen im Reichsaufbau. Verwaltung bedeutet auch hier nicht nur ausführende Verwaltungstätigkeit im engeren Sinn, sondern schließt die eigentliche Gesetzgebungs- und Regierungstätigkeit mit ein; ebenso die Rechtsprechung, wie die Überschrift „Vom Rat oder Gericht" vor dem Kapital über den Stadt- bzw. Kastellrat zeigt[42]. Jede Vogtei soll ihr Recht aufgrund einer Volksbefragung neu ordnen und durch Volksentscheid bestätigen lassen. Darüber hinaus soll jedes Kastell, jede Stadt und jedes Fürstentum für sich selbst „nützlich gebot vnd recht" machen und dabei bleiben[43]. Auf die naheliegende Möglichkeit von Kompetenzkonflikten zwischen den einzelnen stufenweise angeordneten Rechtsetzungs- und Regelungsbereichen im Rahmen des Staatsaufbaus geht Eberlin nicht ein. Das entspricht der in seinem Reichsverfassungsplan insgesamt feststellbaren Tendenz, nur die Grundlinien zu skizzieren.

Ebenso wird die Rechtsstellung der einzelnen Amtsinhaber nicht näher geregelt. Auch hier beschränkt sich Eberlin auf den Grundsatz, daß weder ein Schultheiß, Vogt, Freiherr, Graf oder Fürst, noch der König neben seiner Besoldung einen besonderen Vorteil aus seinem Amt ziehen darf[44].

Der Dienst für die Gemeinschaft — in der Verwaltung des Reichs und bei der Verteidigung im Kriegsfall — ist die vornehmste Aufgabe

---

[41] Der .XI. bůdtgnoß, in: Enders Neudrucke, Bd. I, S. 123. Parallelen ergeben sich zu Cusanus, der im Interesse des Reichs häufige Versammlungen der Repräsentanten der Gesamtheit fordert. Darüber hinaus ist einmal im Jahr ein allgemeiner Reichstag in Frankfurt abzuhalten. Gerhard Kallen, Conc. cath. III, cap. 32, S. 438; cap. 33, S. 439; cap. 35, S. 442. Andreas Posch, Die „Concordantia catholica" des Nikolaus v. Cusa, S. 197.

[42] Der .XI. bůdtgnoß, in: Enders Neudrucke, Bd. I, S. 124.

[43] Der .XI. bůdtgnoß, in: Enders Neudrucke, Bd. I, S. 122, 123. In gleicher Weise fordert Cusanus, allerdings zur Schaffung eines einheitlichen Reichsrechts, die Sammlung der Partikularrechte. Gerhard Kallen, Conc. cath. III, cap. 34, S. 441; cap. 35, S. 446; cap. 41, S. 471. Nikolaus Grass, Cusanus als Rechtshistoriker, Quellenkritiker und Jurist, in: Grass, Cusanus Gedächtnisschrift, S. 115.

[44] Der .XI. bůdtgnoß, in: Enders Neudrucke, Bd. I, S. 123. Nach dem Oberrheinischen Revolutionär ist jeder als Dieb anzusehen, der mehr seinen Eigennutzen als das Gemeinwohl im Auge hat, sei es ein Amtmann oder der Landesherr. Annelore Franke u. Gerhard Zschäbitz, OR, cap. 29, S. 267.

des Adels. Auf die aktuelle Situation bezogen, schlägt Eberlin vor, alle geistlichen Berater, vor allem die Franziskanermönche, aus der Umgebung des Kaisers zu entfernen. Den ersten Bundesgenossen läßt er anklagend vortragen, es erbarme Gott, daß „ein vngelerter, ergytiger, lusiger münch das gantz rômisch reich regieren sol“[45]. Glapion, der Beichtvater Kaiser Karls V., rühme sich, über sein geistliches Amt hinaus Einfluß auf die Reichsgeschäfte zu nehmen. Dagegen führt Eberlin als Vorbild Kaiser Maximilian an, der mit seinem Beichtvater keinesfalls über Reichsangelegenheiten beraten habe. Die Geistlichen wollten dem Volk schaden, da sie es gern sähen, daß es sich wegen der weltlichen Abgaben gegen seine Herren erhebe. Deshalb versuche der Papst, die Fürsten und Herren zu entzweien[46]. Die fünfzehn Bundesgenossen aber hätten das Volk, die von solchen Klagen beunruhigten Fürsten, Edlen, Bürger und Bauern beschwichtigt. Der Kaiser werde den Adel zu Rat und Regierungsgeschäften heranziehen. Beispielhaft erwähnt Eberlin die weltlichen Kurfürsten, Franz von Sickingen und Ulrich von Hutten[47].

Da der Adel jetzt in Studien, Kunst und Sitten ausgebildet werde, sei er für seine Aufgabe im Reich vorbereitet[48]. Durch den Dienst des Adels und die allgemeine Heerfolge des Volkes soll das verderbliche Landsknechtswesen überflüssig werden[49]. Im Krieg, der nicht zur Erweiterung des Landes und auch nicht zur Bekehrung der Heiden geführt werden darf, hat der Adel die Hauptleute im Feld zu stellen. Die für die Landwirtschaft erforderlichen Bauern und alle Geistlichen mit Ausnahme eines von jeder Vogtei zu stellenden Militärpfarrers sind vom Kriegsdienst befreit[50].

Der Beschaffung der notwendigen Geldmittel dient ein einheitliches Steuersystem im Reich. Dafür schlägt Eberlin die Einführung einer all-

[45] Der erst bůdtsgnosz, in: Enders Neudrucke, Bd. I, S. 11.

[46] Der erst bůdtsgnosz, a.a.O., S. 8.

[47] Der erst bůdtsgnosz, a.a.O., S. 12.

[48] Der erst bůdtsgnosz, in: Enders Neudrucke, Bd. I, S. 13: „Das Kayserlich maiestat für hin die edlen brauche in legation des rychs vnd in iren råten.“ Auch die Reformatio Sigismundi und der Oberrheinische Revolutionär messen einem am Reichswohl orientierten Adel staatstragende Bedeutung zu, vgl. Heinrich Koller, RS, S. 244 - 252. Annelore Franke u. Gerhard Zschäbitz, Das Buch der hundert Kapitel und der vierzig Statuten des sogenannten Oberrheinischen Revolutionärs, S. 138. OR, cap. 24, S. 254; cap. 80, S. 409; stat. 15, S. 462; stat. 24, S. 480; stat. 29, S. 488.

[49] Der erst bůdtsgnosz, in: Enders Neudrucke, Bd. I, S. 13: „Das fürhin ab gestellt werd das seeloß verwegen volck aller kriegsknecht das do gålt nåme vnd zuge dem tüfel zů, sunder jetlichs land helffe irem herren, vnd fürhin der adel ůbe in krigen, denen es zugehôrt.“

[50] Der .XI. bůdtgnoß, in: Enders Neudrucke, Bd. I, S. 126. Eyn new vnd das letzt ausschreyben der xv. bundtgenossen, in: Enders Neudrucke, Bd. I, S. 191, 194.

gemeinen Vermögensteuer vor. Bei einem Mindestvermögen von 100 Gulden hat jeder pro Woche einen Heller zu entrichten[51].

#### 4. Die Organisation der Kirche im Reich

##### *a) Aufbau und Gliederung*

Ähnlich wie im staatlichen Bereich sieht Eberlin für die Organisation der Kirche folgenden Stufenaufbau vor[1]:

(1) Grundlage ist die Kirchengemeinde, die von einem Pfarrer und einem weiteren Geistlichen, einem Kaplan oder Diakon, betreut wird.

Um die Zahl der Geistlichen in Grenzen zu halten, soll auf dem dünner besiedelten Land nicht jedes Dorf seinen eigenen Pfarrer haben. Die Einwohner mehrerer Dörfer sind deshalb in einer Pfarrei zusammenzufassen, so daß jede Kirchengemeinde aus mindestens fünfhundert „verstendig personen" besteht. Jedes der Dörfer soll dann wenigstens einen Diakon haben.

(2) Zwanzig Pfarreien bilden ein Bistum mit einem Bischof an der Spitze.

(3) Oberstes Kirchengremium im Reich ist die jährliche Bischofskonferenz unter dem Vorsitz des Bischofs des jeweils wechselnden Versammlungsorts. Eine hierarchische Verbindung zum Papsttum besteht danach nicht mehr.

Damit fehlt der Kirchenhierarchie eine entsprechende absolute Spitze, wie sie der König bzw. Kaiser im weltlichen Bereich darstellt. Eberlins Kirchenkonzept kennt weder einen über den Bischöfen stehenden Metropoliten, noch wird einem der Bischöfe auch nur andeutungsweise die Stellung eines primus inter pares eingeräumt, wie der jährlich wechselnde Vorsitz in der Bischofskonferenz zeigt. Einem vergleichbaren Dualismus zwischen weltlichem und kirchlichem Herrschaftsanspruch, wie er sich während des ganzen Mittelalters im Neben- und Gegeneinander von Kaiser und Papst personifiziert hatte, ist damit im Staats- und Kirchenaufbau Eberlins von vornherein der Boden entzogen. Es ist allerdings sehr fraglich, ob diese Überlegung in Eberlins Verfassungsprogramm überhaupt noch eine Rolle gespielt hat. Wahrscheinlicher ist, daß er aus rein theologischen Gründen für eine straffere Durchbildung und eine weitergehende Zentralisierung der Kirchenhierarchie kein Bedürfnis sah. Gerade die Reformatoren und die von ihnen beeinflußte Flugschriftenliteratur waren den Machtansprüchen

[51] Der .XI. būdtgnoß, in: Enders Neudrucke, Bd. I, S. 131.

[1] Der .X. būdtgnoß, in: Enders Neudrucke, Bd. I, S. 108, 111, 116, 118.

eines verweltlichten Papsttums mit der Begründung entgegengetreten, daß die Kirche ihrem Wesen nach vor allem als eine geistige, eine ideelle Gemeinschaft anzusehen sei. Darauf beruht auch Eberlins Grundentscheidung der strikten Trennung von Staat und Kirche. Eine Konkurrenz zwischen weltlichem und kirchlichem Bereich war danach nicht mehr möglich.

### b) *Selbstverwaltungsrecht der Kirche unter staatlicher Aufsicht*

Grundsätzlich steht der Kirche ein Selbstordnungs- und Selbstverwaltungsrecht zu. Kirchliche Rechtsstreitigkeiten unterliegen der Entscheidung durch den Bischof, der „mit dem Rat der Pfarrer" alle geistlichen Angelegenheiten zu ordnen hat. Dieses Ratsprinzip institutionalisiert Eberlin durch die Festlegung allmonatlicher Diözesankonferenzen[2].

Die im Grundsatz klar abgegrenzte Autonomie der Kirche gilt ohne Einschränkung jedoch nur für den rein seelsorgerischen Bereich. Die Kirche als Organisation bleibt in die staatliche Gemeinschaft miteingebunden. Nach Eberlins Konzeption regelt deshalb die staatliche Gewalt zunächst den Rahmenbereich, den die Kirche in eigener Zuständigkeit und Verantwortung ausfüllen kann. Darüber hinaus stehen dem Staat in bestimmten Einzelfällen weitgehende Eingriffs- und Mitbestimmungsrechte zu. Die Kirche soll weder aufgrund einer übermäßigen personellen und sachlichen Ausstattung noch durch eine unkontrollierte Mobilisierung ihrer Gläubigen befähigt sein, Einfluß auf die staatliche Gemeinschaft zu nehmen. Schon im ersten Bundesgenossen fordert Eberlin die Beschränkung der Geistlichen auf eine bestimmte Höchstzahl. Ohne kaiserliche Erlaubnis soll kein Jahrtag und keine Pfründe gestiftet werden können[3]. Ohne Wissen und Willen des Vogts darf nicht zugunsten kirchlicher Einrichtungen testiert werden[4]. Für die Teilnahme an Wallfahrten ist neben der schriftlichen Erlaubnis des Pfarrers auch die des Vogtes erforderlich[5].

---

[2] Der erst büdtsgnosz, in: Enders Neudrucke, Bd. I, S. 12. Der .X. büdtgnoß, in: Enders Neudrucke, Bd. I, S. 110.

[3] Der erst budtsgnosz, in: Enders Neudrucke, Bd. I, S. 12. Das Erfordernis einer „kaiserlichen" Erlaubnis erklärt sich aus der Tatsache, daß Eberlin bei der Abfassung des ersten Bundesgenossen von den tatsächlichen Verfassungsverhältnissen des Reiches ausgeht und noch hofft, der Kaiser werde sich an die Spitze der geforderten Reformation stellen. In ähnlicher Weise verlangt der Oberrheinische Revolutionär ein kaiserliches Widerrufsrecht für Schenkungen an Klöster, weil dadurch das Reich und der gemeine Nutzen berührt werde. Vgl. Annelore Franke u. Gerhard Zschäbitz, OR, stat. 21, S. 476.

[4] Der .X. büdtgnoß, in: Enders Neudrucke, Bd. I, S. 114. Der Oberrheinische Revolutionär bezeichnet das Testieren zugunsten der Kirche als Diebstahl gegenüber den eigentlichen Erben. Vgl. Annelore Franke u. Gerhard Zschäbitz, OR, cap. 76, S. 403, stat. 35, S. 510, 512.

[5] Der .X. büdtgnoß, in: Enders Neudrucke, Bd. I, S. 118.

Die Klöster als besonders straff organisierte kirchliche Institutionen unterliegen einer entsprechend strengen Kontrolle durch staatliche Aufsichtsorgane. Die Behörden in den Städten und Dörfern haben für die Klöster „schaffner“, d. h. Verwalter, einzusetzen, die ihnen monatlich Rechnung zu legen haben. Ohne Erlaubnis des Vogtes und des Gerichts soll künftig niemand in ein Kloster eintreten dürfen und kein Abt oder Prior eingesetzt werden. Vogt und Gericht haben die Klöster monatlich zu inspizieren und „auf ihren Eid“ deren Gefängnisse durchzusehen. Dabei ist darauf zu achten, daß Mönche und Nonnen nicht ohne Wissen und Willen der weltlichen Obrigkeit „merklich“ bestraft werden. Wird gegen die staatliche Gerichts- und Strafhoheit, die Eberlin nicht weiter gegen die dem Kloster verbleibende Ordnungsgewalt abgrenzt, verstoßen, so soll es aufgelöst und sein Gut dem „gemeinen Säckel“ gegeben werden[6].

Die dem Staat zugewiesenen Aufsichts- und Eingriffsrechte sind vor dem Hintergrund der von Eberlin heftig bekämpften kirchlichen Mißstände zu sehen. In Übereinstimmung mit der weitverbreiteten Auffassung seiner Zeit ist Eberlin der Ansicht, daß die Kirche aus sich heraus zu einer Reform weder fähig noch willens sei, daß es dazu vielmehr der weltlichen Gewalt bedürfe. Dennoch vermeidet es Eberlin sehr wohl, anstelle des einen Extrems das andere zu setzen. Sein Staats- und Kirchenverständnis geht ganz selbstverständlich von einem christlich geprägten staatlichen Gemeinwesen aus, das nicht über der Kirche steht, aber Verantwortung für sie trägt. Eine offene, möglichst wenig durchgebildete Organisationsstruktur sollte es der Kirche unmöglich machen, ein bestimmender Faktor im weltlichen Bereich oder gar ein Staat im Staate zu sein. Demgegenüber mußte Eberlin, so wie die tatsächlichen Verhältnisse lagen, die Gefahr einer übermächtigen staatlichen Dominanz gegenüber der Kirche vergleichsweise gering erscheinen.

Die über seinen Verfassungsentwurf hinausgehende spätere Entwicklung zum Staatskirchentum, die den einzelnen Landesfürsten zum summus episcopus werden ließ, ist von Eberlin nicht gewollt und auch nicht vorausgesehen worden. Dazu bedurfte es zweier weiterer, Eberlins Vorstellungen gegenüber völlig konträr verlaufender Tendenzen. Zum einen kam es anstatt der geforderten Reform zur Spaltung der Kirche. Zum anderen wurde das Reich nicht in seiner Zentralgewalt gestärkt. Zu Trägern der Staatlichkeit entwickelten sich vielmehr die Landesherrschaften im Rahmen des sich allmählich auflösenden Reichsverbands. Diesen neuen Gewalten waren die entstehenden reformierten evangelischen Landeskirchen und die geschwächte katholische Kirche nicht gewachsen. Sogar über ihr Bestehen bestimmte schließlich der

[6] Der .XII. büdtgnoß, in: Enders Neudrucke, Bd. I, S. 135.

Landesherr nach dem reichsrechtlichen Grundsatz „cuius regio, eius religio“[7].

### *c) Das geistliche Amt als besoldetes Wahlamt auf Zeit*

Der Ruf nach einer grundlegenden Reformierung der Kirche „an Haupt und Gliedern“ war alt und hätte, wie in den vergangenen Jahrhunderten, das überkommene System der römischen Papstkirche nicht zwangsläufig in seiner Substanz überhaupt in Frage stellen müssen. Das zeigen die vielen fruchtlosen Reform- und Einigungsversuche von kirchlicher wie auch von weltlicher Seite bis hin zum Wormser Reichstag von 1521.

Mit Luther trat jedoch ein neues Moment in die Reformdiskussion, die Forderung nach einer Reform der Kirche von ihren theologischen Grundlagen her. Auch Eberlins Reformprogramm erschöpft sich nicht in Vorschlägen zur Behebung nur einzelner Mißstände. Entsprechend dem Legitimitätsempfinden seiner Zeit versucht Eberlin anhand vieler Einzelbeispiele aus der Kirchengeschichte nachzuweisen, daß nicht die Reformatoren um Luther die eigentlichen Neuerer seien, daß vielmehr die Päpste selbst die Kirche von ihrem Ursprung und damit von ihrer guten alten Ordnung entfernt hätten[8]. Von diesem Ansatzpunkt aus lehnt Eberlin die gesamte überkommene Kirchenstruktur mit ihrer in Jahrhunderten erstarrten Hierarchie ab. Er geht bereits von einem völlig anderen Kirchenbegriff aus, wenn er in einem seiner Ulmer Sendschreiben ausführt, daß weder der Papst noch die Kardinäle oder Bischöfe über der Christenheit stehen[9]. Hierbei zeigen sich Anklänge an das Basler Reformkonzil, an die Concordatia catholica des Nikolaus von Kues. Doch Eberlin geht es schon nicht mehr nur um die Beschränkung der päpstlichen Gewalt in der Kirche, etwa zugunsten eines Konzils oder der Bischöfe. Unter dem Einfluß Luthers verneint Eberlin einen prinzipiellen theologisch begründeten Unterschied zwischen Klerus und Laien. Auf der Grundlage des von Luther erhobenen Postulats eines allgemeinen Priestertums wird der Standesunterschied zum Funktionsunterschied. Die Priesterweihe hört auf, ein Sakrament zu sein[10]. Der Wechsel zwischen Kleriker- und Laienstand ist jederzeit möglich. Das geistliche Amt wird zum Wahlamt auf Zeit[11].

---

[7] Walther P. Fuchs, Das Zeitalter der Reformation, S. 116.

[8] Ain fraintlich trostliche vormanung an alle frummen Christen, zů Augspurg Am Leech, in: Enders Neudrucke, Bd. II, S. 150: „Es ist auch wol abzunemen, das teütscher Nation nit das rain ewangelion gepredigt sey worden anfencklich.“

[9] Ain kurtzer gschrifftlicher bericht, in: Enders Neudrucke, Bd. II, S. 177.

[10] Der .X. bůdtgnoß, in: Enders Neudrucke, Bd. I, S. 114.

[11] Der .X. bůdtgnoß, in: Enders Neudrucke, Bd. I, S. 111: „Wann einer kein pfaff me will sein, mag er das ampt vffgeben vnd wider ein ley sein, wann

Die Wahl des Pfarrers erfolgt durch das gemeine Volk und die Obrigkeit[12]. Diese knappe Feststellung, die Eberlin nicht weiter erläutert, läßt deutlich zwei Grundprinzipien erkennen: Das ist zum einen die Geltung des allgemeinen Wahlrechts auch im kirchlichen Bereich, zum anderen die Zuweisung des Wächteramts für den christlichen Staat gegenüber seiner Kirche. Auffallenderweise trifft Eberlin keine Regelung für das Wahlverfahren selbst, für das Zusammenspiel zwischen Kirche und Staat bei der Bestellung des Pfarrers aufgrund der Wahl. Ebenso bleibt die Funktion des Bischofs in diesem Zusammenhang ungeklärt. Aufgrund der Gesamtkonzeption Eberlins kann jedoch als sicher angenommen werden, daß sich die staatliche Mitwirkung nicht auf die Wahl als solche erstrecken, sondern auf ein Prüfungs- und Einspruchsrecht beschränken sollte. Ähnliches dürfte für den Bischof gelten, der die Amtseinführung vorzunehmen hat[13].

Altersmäßige Voraussetzung der Wahl zum Pfarrer ist die Vollendung des dreißigsten Lebensjahrs[14]. Wenn Eberlin im 10. Bundesgenossen Zuwiderhandlungen dagegen unter Strafe stellen will, so dürfte dies weniger ernst gemeint, als vielmehr mit dem polemischen Grundton der Flugschrift zu erklären sein. Daneben darf jedoch auch nicht der zeitgenössische Hintergrnud übersehen werden, der Anlaß genug für eine solche Forderung bot. Simonie war gang und gäbe und wurde der alten Kirche nicht nur von reformatorisch gesinnten Kreisen um Luther vorgeworfen[15]. Ämterkauf und Pfründenerwerb für unmündige Kinder und die Schaffung ganzer Sekundogenituren in den Spitzenpositionen der Kirche zur Versorgung des Adels waren nur die

---

man yn wider erwelt mag er wider ein pfaff sein." Vgl. die Parallelen zu Luthers Schrift „An den Christlichen Adel deutscher Nation von des Christlichen standes besserung", in: Luthers Werke (WA), Bd. VI, S. 408.

[12] Der .V. bundtsgnoß, in: Enders Neudrucke, Bd. I, S. 47. Die Forderung nach freier Wahl des Pfarrers findet sich wenig später auch in den 12 Artikeln der Bauernschaft von 1525. Vgl. Klaus Kaczerowsky, Flugschriften des Bauernkrieges, S. 10.

[13] Der .X. bůdtgnoß, in: Enders Neudrucke, Bd. I, S. 111.

[14] Der .X. bůdtgnoß, a.a.O., S. 112.

[15] Der Vorwurf der Käuflichkeit geistlicher Ämter in Verbindung mit nationalen Vorbehalten gegen die römische Kirchenhierarchie führte zu der weitverbreiteten populären Klage, Deutschland werde von Rom vollständig ausgesaugt. Vgl. Eberlin in seiner Schrift „Die fünfzehn Bundesgenossen", Der erst bůdtsgnosz, in: Enders Neudrucke, Bd. I, S. 12, in der Anrede an Kaiser Karl V.: „Du werdest verbieten fürhin kain pallium meer zu Rom kouffen, kain annat meer geben, kain ablaß meer in vnser land lon kummen, kain båttel münch meer lassen samlen ... Das kain Curtisan dörff fürhin ein pfrůnd anfallen." Ähnlich auch Luther in seiner Schrift „An den Christlichen Adel deutscher Nation von des Christlichen standes besserung", in: Luthers Werke (WA), Bd. VI, S. 416 - 421. Vgl. auch die „Beschwerden der weltlichen Stände gegen den Stuhl zu Rom und die Geistlichkeit" von 1523, in: RTA (JR), Bd. III, Nr. 110, S. 645, Gravamina Nr. 11 - 14, 19, S. 654 - 658, 660.

augenfälligen Auswüchse[16]. Die Folge war, daß dabei oft keine hohen Anforderungen an die persönliche und fachliche Eignung des Amtsinhabers gestellt wurden.

Demgegenüber verlangt Eberlin, daß sich der Pfarrer vor seiner Wahl in Predigen und Ratgeben zu bewähren hat. Er soll bescheiden, lernbegierig und gelehrt in der Heiligen Schrift sein und ein vernünftiges sittliches Urteil und Erfahrung im bürgerlichen Leben haben[17]. Für seine Tätigkeit ist der Pfarrer angemessen zu besolden[18]. In welcher Form das zu geschehen hat und was als angemessen anzusehen ist, dazu macht Eberlin in seinen Flugschriften verschiedene Vorschläge. Auf keinen Fall soll ein Pfarrer jedoch gezwungen sein, die kirchlichen Verrichtungen wie Taufe, Absolution oder seine Mitwirkung bei Eheschließungen, Begräbnissen u. ä. zu „verkaufen“[19]. In diesem Zusammenhang wendet sich Eberlin scharf gegen den verbreiteten Mißstand der Ämter- und Pfründenhäufung durch Geistliche, die ihre kirchlichen Aufgaben nicht selbst wahrnehmen. Während die nominellen Amtsinhaber die Nutzungen aus den angeschlossenen Pfründen ganz oder größtenteils für sich selbst beanspruchen, sind die meist dem niederen Klerus angehörenden Amtsverweser darauf angewiesen, zum Lebensunterhalt für ihre Tätigkeit Gebühren zu erheben. Jeder Pfarrer darf deshalb nur eine Pfründe haben, die er selbst verwalten muß. Lediglich vorübergehend für die Zeit seiner notwendigen Abwesenheit darf er einen geeigneten Stellvertreter bestimmen[20].

Eberlins Einstellung zur Besoldung der Geistlichen ist im Zusammenhang zu sehen mit seiner schwankenden Haltung zu der grundsätzlichen Frage, ob der Kirche ein Recht auf Zehntabgaben und Gültzahlungen zusteht. Sie ist weiter abhängig von der vorsichtig erwogenen Möglichkeit einer Säkularisierung des bedeutenden Kirchenvermögens. Dabei geht Eberlin, wie auch in anderen Fällen, zunächst von einer historisch begründeten Argumentation aus, indem er versucht nachzuweisen, daß

[16] Willy Andreas, Deutschland vor der Reformation, S. 85. Walther P. Fuchs, Das Zeitalter der Reformation, S. 29.

[17] Der .V. bundtsgnoß, in: Enders Neudrucke, Bd. I, S. 47.

[18] Eyn new vnd das letzt außschreyben der xv. bundtgenossen, in: Enders Neudrucke, Bd. I, S. 185. In ähnlicher Weise verlangt der Oberrheinische Revolutionär, daß ein Priester lediglich „sin vßkummen“ haben solle, während der übrige Pfründenertrag den Armen zustehe. Annelore Franke u. Gerhad Zschäbitz, OR, cap. 21, S. 248.

[19] Der .X. bůdtgnoß, in: Enders Neudrucke, Bd. I, S. 111. Syben frum̄ aber trostloß pfaffen klagen ire not, in: Enders Neudrucke, Bd. II, S. 66: „Wir verkauffen tauff, absolution, begrebtnüß, heyrath, kurtz, alle vnser handlung ist gericht vff bősen gewinn.“ In gleicher Weise wendet sich der Oberrheinische Revolutionär gegen den Verkauf der Sakramente. Vgl. Annelore Franke u. Gerhard Zschäbitz, OR, cap. 21, S. 248.

[20] Der frummen pfaffen trost, in: Enders Neudrucke, Bd. II, S. 85.

der gegebene Rechtsschein in Wirklichkeit auf einer Abweichung von der ursprünglichen guten alten Rechtsordnung beruht. Dieses Ergebnis untersucht er auf seine theologische Begründetheit und mißt es an der Autorität der Heiligen Schrift und ihrer Gebote. Hinsichtlich der praktischen Durchführung seiner Änderungsvorschläge verhält sich Eberlin pragmatisch. Es kann deshalb nicht ausbleiben, daß er je nach den Zeitumständen und den jeweiligen Sachzusammenhängen in seinen verschiedenen Flugschriften unterschiedliche Meinungen vertritt.

Zunächst weist Eberlin darauf hin, daß die ursprünglich zweckbestimmt gestifteten Kirchengüter von den Geistlichen nur verwaltet wurden und zur Armenpflege und für andere Kirchenaufgaben, u. a. auch zum angemessenen Unterhalt der Geistlichen, verwendet werden sollten. Die eigentlichen Zwecke seien aber im Lauf der Zeit durch den Eigennutz der Geistlichen immer mehr in den Hintergrund getreten. Schließlich seien aus den Dienern Herren geworden, die es verstanden hätten, dem Volk einzureden, die Kirchengüter stünden ihnen selbst aufgrund eigenen Rechts zu[21].

Im 7. Bundesgenossen schlägt Eberlin noch vor, den Geistlichen das entgeltlich erworbene Kirchengut zur Nutznießung grundsätzlich zu belassen. Auch bereits gestiftete Pfründen sollten der Kirche nicht abgesprochen, neue aber nicht mehr gestiftet werden. Die danach den Pfarrern zustehenden Gülten, d. h. Grundrenten in Naturalien oder Geld, sind ihnen deshalb für die Verrichtung des Pfarrdienstes weiter zu geben. Ebenso soll ihnen der große und der kleine Zehnt auch künftig geleistet werden[22]. Dieser vorsichtige reformatorische Ansatz dient dem Ziel, einzelne kirchliche Mißstände abzustellen. Eberlin steht hier noch ganz auf dem Boden der überkommenen Kirche und bezweckt

[21] Eyn new vnd das letzt außschreyben der xv. bundtgenossen, in: Enders Neudrucke, Bd. I, S. 176, 178.

[22] Der .VII. bundtgnoß, in: Enders Neudrucke, Bd. I, S. 75, 76. Aus dem ursprünglich freiwilligen Kirchenzehnt in Form von Naturalabgaben entwickelte sich allmählich eine regelmäßige jährliche Leistung, die in karolingischer Zeit zur Rechtspflicht wurde. Der von Pippin d. J. und Karl d. Großen als staatliche Zwangsabgabe zugunsten der Kirche angeordnete Zehnt diente zum Ausgleich für die in dieser Zeit durchgeführte Säkularisierung eines erheblichen Teil des Kirchenvermögens. Neben den für die Überlassung von Kirchengütern zur Bewirtschaftung erhobenen besonderen Zehnt (nona) trat nunmehr der allgemeine Zehnt (decima) als Kirchensteuer. Der große Feld- oder Kornzehnt umfaßte Halmfrüchte, Wein und Öl. Der kleine Zehnt wurde vom Ertrag der Gärten und Wiesen erhoben. Ausgedehnt wurde der Zehnt schließlich auch auf die Tierhaltung (Blut- oder Fleischzehnt). Im zweiten der „Zwölf Artikel“ von 1525 wenden sich die aufständischen Bauern gegen jede über den „rechten Kornzehnt“ hinausgehende Zehntabgabe. Vgl. dazu Günther Franz, Quellen zur Geschichte des Bauernkrieges, S. 176. Hermann Conrad, Deutsche Rechtsgeschichte, Bd. I, S. 108, 124. Hans E. Feine, Kirchliche Rechtsgeschichte, S. 169, 193 - 195. Mitteis / Lieberich, Deutsche Rechtsgeschichte, S. 69. Anton Störmann, Die städtischen Gravamina gegen den Klerus am Ausgange des Mittelalters und in der Reformationszeit, S. 80, 81.

lediglich ihre Erneuerung von innen heraus. Im 10. Bundesgenossen dagegen, dessen Abfassung bereits in die Zeit nach dem Bruch mit seinem Orden und seiner Kirche fällt, verlangt Eberlin, daß den Pfarrern der Zehnt nicht mehr gegeben werden soll[23]. Der 10. Bundesgenosse, der Eberlins geschlossenstes theoretisches Reformkonzept für eine kirchliche Erneuerung enthält, gibt Eberlins eigene Vorstellungen am klarsten wieder, unbelastet von der Frage ihrer praktischen Durchführung. Eberlin war jedoch nicht nur Theoretiker, sondern auch und vor allem Praktiker. Bereits in der folgenden Flugschrift[24], in der er dieses Problem nochmals aufgreift, beschränkt sich Eberlin auf die Feststellung, daß die Verpflichtung zur Zehntleistung jedenfalls nicht auf göttlichem Recht beruhe. Zwar sei der Zehnt von Gott im Alten Testament zum Unterhalt der Priester geboten, im Neuen Testament jedoch nicht mehr erwähnt. Soll deshalb für kirchliche Verrichtungen weiterhin der Zehnt gegeben werden, so muß er anders genannt werden, damit jedermann weiß, daß man ihn nicht als Gottesgabe entrichtet, sondern als Landschatzung, d. h. als besondere Steuer. Wenn das Volk dies erkennt, mag es dennoch den Zehnt weiterhin geben, wenn es will. Es werde sich wohl anders bedenken, wenn es die Wahrheit über den Zehnt erfährt[25].

Eine ähnlich pragmatische Haltung nimmt Eberlin zum Pfründenbesitz der Kirche ein. Er betrachtet ihn als unrechtes Gut, „von wůcher vnd geüffer gesamlet“[26]. Eine generelle und sofortige Einziehung dieses Kirchenvermögens hält er dennoch nicht für zweckmäßig. Der bestehende Besitzstand soll bis zum Tode des Pfründeninhabers grundsätzlich unangetastet bleiben. Der Geistliche soll weiterhin seinen Lebensunterhalt davon bestreiten dürfen. Ist aber eine Pfründe zu reichlich ausgestattet, so ist ihm vom Vogt und dem Gericht lediglich eine angemessene Nutzung zuzuteilen und der Rest des Pfründenertrags dem „gemeinen Säckel“ zur Armenpflege zuzuweisen[27]. Nach dem Tode des Pfründeninhabers soll das Pfründengut dem Stiftergeschlecht zurückgegeben werden oder der Gemeinde zufallen, deren Rat es zum gemeinen Nutzen verwenden soll[28]. Im Interesse des Gemeinwohls können

[23] Der .X. bůdtgnoß, in: Enders Neudrucke, Bd. I, S. 111: „Man soll den pfaffen kein zåhenden geben.“ Zur zeitlichen Reihenfolge der Schriften vgl. Wilhelm Lucke, Die Entstehung der „15 Bundesgenossen“ des Johann Eberlin von Günzburg, S. 37, 94.

[24] Eyn new vnd das letzt außschreyben der xv. bundtgenossen, in: Enders Neudrucke, Bd. I, S. 171.

[25] Eyn new vnd das letzt außschreyben der xv. bundtgenossen, a.a.O., S. 173, 185.

[26] Syben frum̄ aber trostloß pfaffen klagen ire not, in: Enders Neudrucke, Bd. II, S. 65.

[27] Der .XII. bůdtgnoß, in: Enders Neudrucke, Bd. I, S. 139.

[28] Die ander getrew vermanung Johannis Eberlin vonn Gůntzburg, in: Enders Neudrucke, Bd. III, S. 26, 31.

im Einzelfall mit Zustimmung des Landesfürsten kirchliche Stiftungen sofort aufgelöst werden[29].

Anstelle der Zehntleistungen und Pfründennutzungen soll schließlich nach Eberlins Vorstellungen eine gleichmäßige Besoldung treten, die von der Gemeinde zu tragen ist. Danach soll ein Pfarrer jährlich 200 Gulden, ein Kaplan oder Diakon 100 Gulden erhalten. Darüber hinaus dürfen Geistliche besondere Bezahlungen für ihre Amtshandlungen weder fordern noch annehmen[30].

Neben der Wahrnehmung ihrer kirchlichen Aufgaben ist den Geistlichen die Ausübung eines Handwerks und überhaupt jede „ehrliche Arbeit" erlaubt. Daß die Tätigkeit des Kaufmanns und des Wirts davon ausgenommen sein soll, ist weniger als Durchbrechung dieses Grundsatzes anzusehen, als vielmehr Ausdruck der geringen Wertschätzung, die Eberlin diesen Berufen entgegenbrachte[31]. Die Pfarrer dürfen auch Grundbesitz erwerben und Landwirtschaft betreiben, denn — so Eberlin — in früheren Zeiten seien die Geistlichen auch nicht müßiggegangen, sondern hätten mit ihrem Gesinde ihre Äcker bestellt[32].

Ein weiterer wesentlicher Punkt im Rahmen der grundsätzlichen Gleichstellung von Klerus und Laien war die Forderung der Reformatoren, auch den Geistlichen die Eheschließung zu gestatten. Auf der Grundlage des Postulats eines allgemeinen Priestertums und im Vergleich mit den tatsächlichen Verhältnissen mußte das Kirchengebot des Zölibats als Anachronismus erscheinen. Ein Großteil der Flugschriftenliteratur der Reformationszeit beschäftigt sich mit diesem Problem. In seiner emotionalen Bedeutung nur mit der Frage des Ablaßwesens vergleichbar, war der Zölibat in einer Zeit übersteigerten Heilsverlangens ganz besonders geeignet, die alte Kirche unglaubwürdig erscheinen zu lassen. Die sich aus diesem Kirchengebot ergebenden Mißstände waren

---

[29] Eyn new vnd das letzt außschreyben der xv. bundtgenossen, in: Enders Neudrucke, Bd. I, S. 195.

[30] Der .X. bũdtgnoß, in: Enders Neudrucke, Bd. I, S. 110, 111.

[31] Der .X. bũdtgnoß, in: Enders Neudrucke, Bd. I, S. 111. Als „eerliche arbeit" sieht Eberlin nur eine im eigentlichen Sinn produktive Arbeit an. Der Handel als reine Weitergabe bereits vorhandener Güter erscheint ihm unnütz und wenig verdienstvoll. Vgl. dazu seine Schrift „Der .X. bũdtgnoß", in: Enders Neudrucke, Bd. I, S. 122: „Kåin eerlichere arbeit oder narung soll sein dann ackerbaw." Darüber hinaus wecken die Kaufleute das Verlangen nach Luxus, der den Adel verdirbt und den gemeinen Mann in die Kriminalität treibt. Vgl. dazu Eberlins Schrift „Mich wundert das kein gelt ihm land ist", in: Enders Neudrucke, Bd. III, S. 159: „... vnd wan wir nit mehr haben außzugeben, seint aber gewont des geschlecks vnd der kôstlingen, so fahen die menner alles vbel an, stelen, morden, rauben, in krieg lauffen, eygne weyber versetzen, falschtzeugnuß geben, den reichen schmeichlen vnd den herren zu aller buberey helffen."

[32] Der .X. bũdtgnoß, in: Enders Neudrucke, Bd. I, S. 112. Eyn new vnd das letzt außschreyben der xv. bundtgenossen, in: Enders Neudrucke, Bd. I, S. 175.

offenkundig, so daß nicht nur reformatorisch gesinnte Kreise um Luther den Sittenverfall der Geistlichen beklagten. Darüber hinaus wurde der Kirche unterstellt, daß sie ein unsinniges Kirchengebot bewußt als willkommene Geldquelle benutze, indem sie den durch das Eheverbot verursachten unsittlichen Lebenswandel ihrer Geistlichen gern toleriere und deren Bußgelder als Einnahmeposten fest einplane[33]. Auch Eberlin hat dieses Problem wiederholt aufgegriffen und seine Ablehnung des Eheverbots für Geistliche damit begründet, daß sich aus dem ganzen Evangelium keine Stütze für seine Berechtigung herleiten lasse. Es widerspreche vielmehr dem göttlichen Recht, der Natur, dem gemeinen menschlichen Verstand und sei wider „alle gute pollicey“[34].

### *d) Das Ordenswesen*

Die Reformierung des Ordenswesens sieht Eberlin unter zwei miteinander eng zusammenhängenden Aspekten. Zum einen geht es ihm um die Orden und Klöster als kirchliche Organisationseinheiten, zum anderen um ihre Angehörigen, die Mönche und Nonnen, in ihrer persönlichen Rechtsstellung.

In mehreren Flugschriften beschäftigt sich Eberlin mit der politischen Macht der Orden und der wirtschaftlichen Bedeutung ihrer Klöster. In der ersten Phase seiner reformatorischen Tätigkeit, in der er sich aus überwiegend nationalen Gründen gegen den Einfluß der „römischen“ Kirche auf das Reich wendet, sieht Eberlin in den Ordensangehörigen vor allem die Parteigänger des Papstes. Die direkte Unterstellung der Orden unter die päpstliche Aufsicht lehnt Eberlin ebenso ab wie die vielfältigen Exemtionen, die sie für ihre Klöster erlangen konnten[35].

---

[33] Syben frum̄ aber trostloß pfaffen klagen ire not, in: Enders Neudrucke, Bd. II, S. 72: „Soll ich dann leeren, die pfaffen sollen eeweiber haben, so dring ich den gantzen bischǒfflichen hoff an den bettelstab.“ Bereits die Reformatio Sigismundi hatte sich gegen die vielfach durchbrochenen und umgangenen Zölibatsvorschriften gewandt. Vgl. dazu Heinrich Koller, RS, S. 148, 150. Willibald M. Plöchl, Geschichte des Kirchenrechts, Bd. II, S. 184. Parallelen ergeben sich auch zu Luthers Schriften „An den Christlichen Adel deutscher Nation von des Christlichen standes besserung“, in: Luthers Werke (WA), Bd. VI, S. 440, 441, und „Wider den falsch genannten geistlichen Stand des Papsts und der Bischöfe“, a.a.O., Bd. X, S. 150. Die verbreitete Praxis der Kirche, das Konkubinat vieler Geistlicher gegen Geldzahlung stillschweigend zu dulden, war schließlich Gegenstand wiederholter Reichstagsverhandlungen. Vgl. die „Beschwerden der weltlichen Stände gegen den Stuhl zu Rom und die Geistlichkeit“ von 1523, in: RTA (JR), Bd. III, Nr. 110, S. 645, Grav. Nr. 57, S. 679.

[34] Wie gar gfarlich sey. So ein Priester kein Eeweyb hat, in: Enders Neudrucke, Bd. II, S. 22, 24, 34. Der erst büdtsgnosz, in: Enders Neudrucke, Bd. I, S. 13. Der .XI. büdtgnoß, in: Enders Neudrucke, Bd. I, S. 124.

[35] Der .XII. büdtgnoß, in: Enders Neudrucke, Bd. I, S. 138: „Wir wellen das für hin kein kloster gefreiet sy von byschofflichem gewalt.“ S. 139: „Alle bullen, brieff, fryhait, gwalt, es tråffe an lyplich, zytlich, gaistlich ding, so die båttel vnd ander klǒster haben von båpstlichem stůl zů rom, machen wir

Die mit dem steigenden Finanzbedarf der Kurie zunehmende Übung, Klöster gegen Entgelt von der unmittelbaren bischöflichen Gewalt auszunehmen, führte zu einer Entwicklung, die selbst innerhalb der Kirche auf Ablehnung stieß[36]. Diese Exemtionspraxis bedeutete nicht nur einen spürbaren Eingriff in die bischöflichen Rechte in der Kirchenprovinz. Sie bestärkte auch die beginnende Reformation in ihrer nationalen Argumentation und antirömischen Haltung. Die einsetzende Flugschriftenliteratur konnte sich leicht dieses Themas annehmen und die Exemtionserteilung als weiteres Mittel der päpstlichen Geldbeschaffung anprangern.

In der Anrede an Karl V. zu Beginn des 1. Bundesgenossen rät Eberlin dem Kaiser, er solle die Franziskanermönche aus seiner Umgebung entfernen[37]. Durch die Bettelmönche sei ganz Deutschland dem Papst verpfändet worden. Sie saugten arm und reich, Herren und Knechte aus und würden damit des Kaisers eigene Pfründe verderben. Den Mönchen und „Papisten" droht Eberlin, mit ihrem Verhalten würden sie es soweit bringen, daß man sie in Deutschland überhaupt nicht mehr dulden werde. Die Zugehörigkeit zu einem Bettelorden soll künftig sogar mit der Todesstrafe verfolgt werden[38]. Solche kämpferischen und polemischen Ausfälle Eberlins entsprechen dem derben Ton, in dem die immer heftiger werdenden Auseinandersetzungen um die beginnende Reformation geführt werden. Wichtiger als diese aus der aktuellen Situation heraus provozierten und überzogenen Forderungen sind Eber-

krafftloß vff dise stund, als die so sind argwenig, verdacht vnd vnwirdig der achtung. Bedörffen die klöster etwas, so haben vnsere byschoff in teütschem land genůgsam gwalt dar zů."

[36] F. Dittrich, Zur Geschichte der katholischen Reformation im ersten Drittel des 16. Jahrhunderts, in: HJb, 5. Bd. (1884), S. 340. Joseph Lortz, Die Reformation in Deutschland, Bd. I, S. 95.

[37] Der erst bůdtsgnosz, in: Enders Neudrucke, Bd. I, S. 6, 7. Der .VIII. bundts gnoß, in: Enders Nedrucke, Bd. I, S. 83, 87.

[38] Der .X. bůdtgnoß, in: Enders Neudrucke, Bd. I, S. 112. Das Ordenswesen hat seinen Anteil am Niedergang der verrechtlichten, in Geld, Wirtschaft und Politik verstrickten alten Kirche. Verachtung und Erbitterung des in seinen religiösen Heilserwartungen verunsicherten einfachen Volkes treffen vor allem die Bettelmönche. Bei aller möglichen Übertreibung dürfte Eberlin in seiner Schrift „Syben frum̄ aber trostloß pfaffen klagen ire not", in: Enders Neudrucke, Bd. II, S. 73, 75, die Grundstimmung seiner Zeit zutreffend wiedergeben, wenn er in Form eines Gesprächs mehrere Geistliche wie folgt zu Wort kommen läßt: „Wann man ein pfaffen nennet, so versteet man ein seellosen gottlosen menschen, voll, faul, geytzig, håderisch, zånkisch, schirmig, hürisch, eebrüchisch, ich darff schier mein blatten nit mer sehen lassen, dann der gemeyn mann ist gantz erhitzigt wider die pfaffen ... Das ist ein wunder, das vns nit das volck mit steynen zů tod würfft." Vgl. auch Joseph Lortz, Die Reformation in Deutschland, Bd. I, S. 87 ff. Nach Ansicht der Reformatio Sigismundi setzte der Verfall der Kirche etwa in der Mitte des 13. Jahrhunderts ein, als Mönche zu Kardinälen und Päpsten aufstiegen. Heinrich Koller, RS, S. 96. Der Oberrheinische Revolutionär bezeichnet die Bettelmönche als Diebe. Annelore Franke u. Gerhard Zschäbitz, OR, cap. 2, S. 201; cap. 29, S. 268; cap. 62, S. 373.

lins Vorstellungen über das grundsätzliche Verhältnis von Kirche und Staat in seinem Reichsaufbau. Um der geplanten Nationalkirche von vornherein die Möglichkeit zu nehmen, einen bestimmenden Einfluß auf den weltlichen Bereich zu erlangen, verwehrt ihr Eberlin eine straffe und abgeschlossene Organisationsform.

Dementsprechend will er die Zahl der Klöster beschränken. In jeder Stadt dürfen nicht mehr als zwei Männer- und zwei Frauenklöster sein. Die übrigen Klöster sind aufzulösen und nach Bedarf in Armenspitäler umzuwandeln. Das Vermögen der aufgelösten Klöster geht auf die jeweilige Stadtgemeinde über, die es u. a. für Schulen und für die künftig allein unter städtischer Aufsicht stehenden Armenspitäler zu verwenden hat, da die Armenpflege nicht mehr Aufgabe der Geistlichen sein soll. Die überzähligen Klostergebäude sind an bedürftige Bürger zu vermieten[39]. Entsprechend der teilweisen Auflösung der Klöster soll auch die Zahl der Mönche und Nonnen verringert werden. Um allmählich die Höchstzahl von zehn Personen je Kloster zu erreichen, sollen für eine Übergangszeit von zehn Jahren Neueintritte überhaupt nicht gestattet werden. Die Bettelorden nehmen insoweit eine Sonderstellung ein, als sie sofort, d. h. ohne Übergangsregelung, aufzulösen sind[40]. Auch für die Ritterorden sieht Eberlin keine Verwendung. Kein Christ müsse als solcher gegen Heiden kämpfen. Kriegführen sei immer Sache der weltlichen Gewalt[41].

Weitere Beschränkungen für die Klöster zielen darauf ab, sowohl die bisherigen Konkurrenzvorteile in wirtschaftlicher Hinsicht zu beseitigen als auch eine übermäßige Vermögensanhäufung zu verhindern. Sämtliche Abgabenprivilegien werden aufgehoben. Die Klöster haben Steuern und Schätzungen aus besonderem Anlaß ebenso zu entrichten wie jeder Bürger bei vergleichbarer wirtschaftlicher Betätigung und gleichem Vermögen. Den Klöstern sollen auch keine geistlichen Pfründen, insbesondere keine inkorporierten Pfarreien verbleiben[42].

[39] Der .X. büdtgnoß, in: Enders Neudrucke, Bd. I, S. 112. Der .XI. büdtgnoß, in: Enders Neudrucke, Bd. I, S. 125. Ähnliche Vorschläge enthält die Reformatio Sigismundi, die den Vermögenseinzug zugunsten des Reichs fordert. Heinrich Koller, RS, S. 200.

[40] Der .X. büdtgnoß, in: Enders Neudrucke, Bd. I, S. 112, 115, 117. Ebenso sprechen sich die Reformatio Sigismundi und der Oberrheinische Revolutionär für eine Verringerung der Mönche aus, da die große Zahl der Geistlichen das Land verderbe. Heinrich Koller, RS, S. 202. Annelore Franke u. Gerhard Zschäbitz, OR, cap. 52, S. 327.

[41] Eyn new vnd das letzt außschreyben der xv. bundtgenossen, in: Enders Neudrucke, Bd. I, S. 194: „Ain Christ sol nit fechten wider christen noch wider haiden. Thut aber ain haid vnbillichen widerdrieß ainer stat oder landt, mag ain oberkait wider sie fechten, nit als Christen, sonder als haiden, dar zu gebruchen das weltlich schwerdt." Die Reformatio Sigismundi hält es für verdienstvoller, die falschen Christen im eigenen Land zu bekämpfen. Das wäre „ein gute merfart". Heinrich Koller, RS, S. 88.

[42] Der .XII. büdtgnoß, in: Enders Neudrucke, Bd. I, S. 135, 139. Anton Stör-

Andere Beschränkungen sind theologisch begründet, wie das Verbot von Geldgeschäften. Gültzahlungen für ausgegebene Darlehen, Eberlin nennt sie in einem anderen Zusammenhang eine subtile Wucherei[43], dürfen die Klöster weder fordern noch annehmen. Vogt und Gericht haben einen angemessenen Fälligkeitstermin zu bestimmen, an dem lediglich die Hauptschuld ohne Zins oder gar Zinseszins zurückzuzahlen ist. Bemerkenswert ist Eberlins Alternativvorschlag, die betreffende Stadtgemeinde solle dem Kloster die ursprüngliche Darlehensforderung, also einschließlich der Gültberechtigung, gegen Zahlung der Hauptschuld abkaufen und dann ihrerseits vom Schuldner volle Vertragserfüllung verlangen können[44]. Eberlin verschließt sich somit nicht den gegebenen wirtschaftlichen Erfordernissen und wendet sich nicht grundsätzlich gegen eine Vereinbarung von Gültzahlungen. Er hält es lediglich mit den Aufgaben der Kirche für unvereinbar, diese Geldgeschäfte zu betreiben.

Entsprechend dem Grundsatz, daß zwischen dem geistlichen und dem weltlichen Stand nur ein Funktionsunterschied besteht, wird auch die persönliche Rechtsstellung der Mönche und Nonnen verbessert. Sie können jederzeit, ohne daß ein Dispens erforderlich wäre, aus dem Kloster austreten[45]. Ordensangehörige dürfen „in die Klöster" erben und können wie jeder andere Bürger beerbt werden[46].

---

mann, Die städtischen Gravamina gegen den Klerus am Ausgange des Mittelalters und in der Reformationszeit, S. 134: „Zwischen Geistlichkeit und Bürgertum wurde um die Wende des Mittelalters sehr oft und lebhaft gestritten über Handel und Handwerksbetrieb durch die geistlichen Personen und Genossenschaften. Das ganze Mittelalter kannte diesen Zwist; nach 1500 lebte er von neuem auf." Die Inkorporation bedeutete die dauernde Übertragung des Benefiziums, etwa der Pfarrpfründe, an das begünstigte Institut zu ständiger Nutzung seines Vermögens, der Temporalien, und im Ergebnis den Untergang des Benefiziums als selbständigen Rechtsträger. Hans E. Feine, Kirchliche Rechtsgeschichte, S. 400.

[43] Mich wundert das kein gelt ihm land ist, in: Enders Neudrucke, Bd. III, S. 160.

[44] Der .XII. bůdtgnoß, in: Enders Neudrucke, Bd. I, S. 135, 136. Auch die Reformatio Sigismundi forderte die Ablösung der kirchlichen Gültansprüche. Vgl. Heinrich Koller, RS, S. 208.

[45] Der erst bůdtsgnosz, in: Enders Neudrucke, Bd. I, S. 12. Der .IX. bůdtgnoß, in: Enders Neudrucke, Bd. I, S. 104. Der .XII. bůdtgnoß, in: Enders Neudrucke, Bd. I, S. 134, 140.

[46] Der .XII. bůdtgnoß, a.a.O., S. 136. Da nach kanonischem Recht grundsätzlich das Kloster Universalerbe des Regularen war, versuchten die einzelnen Stadtrechte, die Erbfähigkeit der Ordensangehörigen einzuschränken und, soweit möglich, ganz auszuschließen. Vgl. dazu Johannes Kaps, Das Testamentsrecht der Weltgeistlichen und Ordenspersonen in Rechtsgeschichte, Kirchenrecht und Bürgerlichem Recht Deutschlands, Österreichs und der Schweiz, S. 90. Anton Störmann, Die städtischen Gravamina gegen den Klerus am Ausgange des Mittelalters und in der Reformationszeit, S. 110 ff.

### 5. Rechtsordnung

#### *a) Rechtssicherheit*

Der Umbruch, der sich zur Zeit Eberlins augenfällig in den Bauernkriegs- und Reformationswirren vollzieht, läßt schlaglichtartig die tiefgreifenden Probleme erkennen, denen sich das Reich, seine Gesellschaft in ihrer Sozialordnung und der einzelne in ihr gegenübersehen. In einer historischen Rückbetrachtung lassen sich zwar die Entwicklungen und Bruchlinien im Herrschafts- und Sozialgefüge des Reichs aufzeigen. Möglich erscheint auch, die vielfältigen Ursachen in ihrem Zusammenspiel zu werten. Und Gründe für den Zerfall des Reichs, für die Auflösung der überkommenen mittelalterlichen Ordnung gab es genug. Da sind zunächst und vor allem handfeste Machtinteressen, wie sie sich im Gegensatz zwischen Kaiser und Papst, zwischen weltlicher und kirchlicher Gewalt, zwischen Kaiser und Fürsten und zwischen dem niederen Adel und der Ritterschaft einerseits und dem aufstrebenden Stadtbürgertum andererseits zeigen. Da sind weiter wirtschaftliche Umwälzungen im Zuge des wachsenden Geldverkehrs, die zu sozialen Härten führen und den ehemals führenden Ritterstand zur Bedeutungslosigkeit hinabdrücken und den letzten im Sozialgefüge, den gemeinen Mann, in rechtlose Passivität abdrängen. Und schließlich dürfen die rational nicht faßbaren Momente nicht übersehen werden, die zu religiöser Verunsicherung und gerade durch ein übersteigertes Heilsverlangen zur Glaubensspaltung und Kirchentrennung führen[1].

In der nachträglichen Betrachtung erscheinen zwar alle diese Veränderungen ausgangs des Mittelalters als eine normale Entwicklung von einer alten Ordnung, die ihre verbindliche und prägende Kraft verloren hat, hin zu einem neuen Ordnungsprinzip. Dem Zeitgenossen selbst war diese Sicht jedoch versperrt. Die gestörte Ordnung im Ganzen, in Reich und Kirche, bedeutete für den einzelnen zwangsläufig Rechtsunsicherheit, ja Rechtlosigkeit; das um so mehr, je geringer seine Stellung im überkommenen Sozialgefüge war und je weniger er in der Lage war, seine Interessen notfalls mit Gewalt durchzusetzen[2].

---

[1] Die den Menschen des ausgehenden Mittelalters erfassende Unsicherheit schlägt sich in einer auf Sensationen abzielenden Frömmigkeit nieder. Religiöses Versicherungsdenken führt zu berechnendem Streben nach Werkgerechtigkeit, zur Zunahme der Wallfahrten und des Reliquenwesens, zu eschatologischen Erwartungen, übersteigertem Wunderglauben und Hexenwahn. Vgl. dazu Willy Andreas, Deutschland vor der Reformation, S. 142, 144. Peter Baumgart, Formen der Volksfrömmigkeit — Krise der alten Kirche und reformatorische Bewegung, in: HZ, Beiheft 4 (1975), S. 195 ff. Walther P. Fuchs, Das Zeitalter der Reformation, S. 30. Adolf Laube, Die Volksbewegungen in Deutschland von 1470 bis 1517 — Ursachen und Charakter, in: HZ, Beiheft 4 (1975), S. 93.

[2] Hans von Schubert, Revolution und Reformation im 16. Jahrhundert, S. 7: „Ordnung heißt aber im Gemeinschaftsleben Recht."

Die Reformation Sigismundi ist zu Recht als ein einziger Schrei nach Ordnung bezeichnet worden[3]. Inhaltlich gilt das für die gesamte Reformliteratur des 15. und beginnenden 16. Jahrhunderts. So beklagt bereits Cusanus in der Concordantia catholica, die Mächtigen glaubten, daß für sie die „Spinnweben der Gesetze" schon gar nicht mehr gälten. Sie würden nur noch das Recht ihrer eigenen Faust anerkennen[4]. Der Oberrheinische Revolutionär hält den Regierenden — Kaiser, Fürsten, dem Adel insgesamt — vor, daß sie ebenso wie alle Untertanen dem Gesetz unterworfen seien[5]. Und schließlich vermittelt Eberlin einen Eindruck von der allgemeinen Rechtsunsicherheit kurz vor Ausbruch des Bauernkrieges, wenn er schreibt, alles habe sich zum Schlechten gewendet. Niemand könne seiner Sache mehr so sicher sein, als daß nicht römische Gesetze und geistliches Recht immer wieder Schlupflöcher böten, um „arm leüt vmb zů triben"[6].

So sind es im wesentlichen zwei Faktoren, die am Ende des Mittelalters zu dem Gefühl der allgemeinen Rechtsunsicherheit beitragen. Zum einen fehlt es an einer für alle gleich verbindlichen und vor allem auch durchsetzbaren Rechtsordnung; ein Zustand, der die Willkür der „großen Hansen" begünstigt, ja geradezu herausfordert. Dazu kommt das immer stärkere Eindringen des als fremd empfundenen römischen Rechts in die Lebensverhältnisse des gemeinen Mannes, was bei der noch weitaus überwiegenden agrarischen Struktur des Reichs im 15. und beginnenden 16. Jahrhundert eine Verdrängung des überkommenen gemeinen Rechts im dörflichen Bereich bedeutet, wo sich die örtlichen Gewohnheiten noch am längsten behauptet haben[7].

Nachdem das wiederentdeckte römische Recht schon im 12. Jahrhundert über die geistliche Gerichtsbarkeit und das Kirchenrecht auch in weltlichen Rechtsbereichen, insbesondere im Wirtschaftsrecht und im Urkundenwesen, Einzug gehalten hatte, stieß die Hauptrezeption in Deutschland auf die ohnehin unruhige Umbruchs- und Reformzeit des 15. und 16. Jahrhunderts[8]. Hier stand „des Reichs gemainen Rechten",

[3] Hans von Schubert, Revolution und Reformation im 16. Jahrhundert, S. 8. Heinrich Koller, RS, S. 50: „Gehorsamkeyt ist tod, gerechtigkeyt leyt not, nichts stet in rechter ordenung."

[4] Elisabeth Bohnenstädt, Kirche und Reich im Schrifttum des Nikolaus von Cues, S. 107.

[5] Annelore Franke u. Gerhard Zschäbitz, Das Buch der hundert Kapitel und der vierzig Statuten des sogenannten Oberrheinischen Revolutionärs, S. 116. OR, cap. 8, S. 222.

[6] Der erst bůdtsgnosz, in: Enders Neudrucke, Bd. I, S. 10.

[7] Willy Andreas, Deutschland vor der Reformation, S. 422, 423. Annelore Franke u. Gerhard Zschäbitz, Das Buch der hundert Kapitel und der vierzig Statuten des sogenannten Oberrheinischen Revolutionärs, S. 56: „Die Vorstellung, daß alles Recht von Gott komme oder als echtes Recht zumindest sehr alt sein müsse, war dem Rechtsdenken besonders der Bauern geläufig."

[8] Hermann Conrad, Deutsche Rechtsgeschichte, Bd. II, S. 339. Adolf Laufs, Rechtsentwicklungen in Deutschland, S. 28 ff.

wie die Reichskammergerichtsordnung von 1495[9] das weltliche römisch-italienische und das kanonische Recht bezeichnete, nach wie vor das Beharren am lokalen und regionalen Recht auf der Grundlage der überkommenen mittelalterlichen Rechtsauffassung entgegen. Nach der auf germanischrechtliche Wurzeln zurückgehenden Anschauung und auch aus christlich-theologischer Sicht konnte Recht nicht einfach durch Gesetze neu geschaffen werden. Als Teil der göttlichen Weltordnung war es im Prinzip unveränderlich festgelegt, durch urvordenkliche Übung und Gewohnheit bekräftigt und im sittlichen Empfinden der Rechtsgemeinschaft und des einzelnen verankert[10]. Damit war es ein jeder staatlichen Gemeinschaft vorgegebenes ursprüngliches Recht. In seinem Alter liegen Rechtsgrund und Güte[11]. Die weitverbreiteten mittelalterlichen Weistümer und Rechtsspiegel zeigen deutlich, daß sich das Recht als etwas längst Vorhandenes in den Rechtssammlungen nur widerspiegelt und im Einzelfall nur aufzuzeigen, zu weisen ist. Diese hohe Meinung vom Recht und seinen unantastbaren Grundlagen klingt in dem um 1230 entstandenen Sachsenspiegel an, in dem Eike von Repgow einleitend schreibt: „Got ist selbe recht, dâr umme is ym recht lieph[12]."

Wie wenig sich in der Folgezeit im Grundsatz an diesem Rechtsverständnis geändert hat, zeigen die Reformschriften des 15. und 16. Jahrhunderts. Das göttlich-natürliche Recht war ein der mittelalterlichen Philosophie vertrauter Begriff[13]. Nach Cusanus ist das als göttlich bezeichnete Naturrecht die unwandelbare, der Vernunft entsprechende Grundlage für jede positive Satzung, die ihrerseits regional, nach dem Entwicklungsstand eines Volkes und in der Zeit veränderlich ist. Ebenso wie ein ungerechtes Gesetz niemanden verpflichten kann, ist keiner von einem gerechten Gesetz ausgenommen. Die rechtmäßigen Gesetze sind, da sie über jedem Richter und auch über dem König stehen, die eigentlichen Herrscher im Staat[14]. Die Reformatio Sigismundi und der

---

[9] § 3 der „Ordnung des Kayserl. Cammer-Gerichts zu Worms", in: NSdRA, Bd. I, Teil 2, S. 3, 7. Karl Zeumer, Quellensammlung zur Geschichte der Deutschen Reichsverfassung in Mittelalter und Neuzeit, Nr. 174, S. 285.

[10] Fritz Kern, Recht und Verfassung im Mittelalter, S. 12, 21. Rolf Sprandel, Über das Problem neuen Rechts im frühen Mittelalter, in: ZRG (KA), 79. Bd. (1962), S. 117.

[11] Hermann Krause, Dauer und Vergänglichkeit im mittelalterlichen Recht, in: ZRG (GA), 75. Bd. (1958), S. 207, 208.

[12] Karl August Eckhardt (Hg.), Sachsenspiegel. Quedlinburger Handschrift, S. 16.

[13] Winfried Becker, „Göttliches Wort", „göttliches Recht", „göttliche Gerechtigkeit". Die Politisierung theologischer Begriffe?, in: HZ, Beiheft 4 (1975), S. 240: „Für das Spätmittelalter sind natürliches und göttliches Recht keine Gegensätze. Das Recht weist auf die göttliche Weltordnung zurück; die vernünftig begriffene Natur und ihre Normen müssen, weil von Gott geschaffen, letztlich mit der göttlichen Offenbarung übereinstimmen." Irmgard Schmidt, Das göttliche Recht und seine Bedeutung im deutschen Bauernkrieg, S. 52, 54.

[14] Elisabeth Bohnenstädt, Kirche und Reich im Schrifttum des Nikolaus von

Oberrheinische Revolutionär verurteilen die Mißstände ihrer Zeit als Abkehr von den eindeutigen Geboten Gottes, als Verstoß gegen das göttliche Recht und die menschliche Vernunft[15]. Bei Eberlin ist bereits die sich unter dem Einfluß der beginnenden Reformation vollziehende Konkretisierung und Gleichsetzung des göttlichen Rechts mit dem Wort Gottes, d. h. mit der Heiligen Schrift, festzustellen. Sie ist die Richtlinie, an der die menschliche Ordnung, die Rechtsordnung insgesamt und die einzelnen Rechtssätze, zu messen sind[16]. Auch bei Eberlin klingt die Gleichsetzung des göttlichen Rechts mit dem der Vernunft entsprechenden Recht an, wenn er z. B. das kirchenrechtliche Verbot der Priesterehe ablehnt, „weil da durch wieder got, seyn gsetz, wieder die natur, wieder gemeynen menschlichen verstandt, wieder alle gut pollicey gehandelt wirdt[17]."

Das göttliche Recht als das Recht, das entweder direkt aus der Bibel hergeleitet oder doch wenigstens als billig und sachlich gerechtfertigt anerkannt werden konnte, wurde schließlich zum Schlagwort der Bauern im Frühjahr 1525[18]. Schon die vielen lokalen Vorläufer des Bauernkriegs waren ein jahrzehntelanger, immer wieder aufflackernder Kampf um das gute alte Recht gegen willkürliche Neuerungen und Rechtsverschlechterungen[19]. Damit wird die machtpolitische Seite der Spätrezeption deutlich und die von ihr ausgelöste Abwehrreaktion voll verständlich. Das wissenschaftlich durchgebildete römische Recht ist das Recht der Obrigkeit, mit dessen Hilfe der Territorialherr die vielgestaltigen leib-, grund- und gerichtsherrlichen Ansprüche in die angestrebte einheitliche Landesherrschaft mit einem geschlossenen Untertanenverband umformen kann[20].

---

Cues, S. 78, 81 u. 83. Fritz Kern, Recht und Verfassung im Mittelalter, S. 66. Andreas Posch, Die „Concordantia catholica" des Nikolaus v. Cusa, S. 92.

[15] Heinrich Koller, RS, S. 82, 84. Annelore Franke u. Gerhard Zschäbitz, Das Buch der hundert Kapitel und der vierzig Statuten des sogenannten Oberrheinischen Revolutionärs, S. 122. OR, cap. 68, S. 387. Otto Eckstein, Die Reformschrift des sog. Oberrheinischen Revolutionärs, S. 14.

[16] Der .XI. büdtgnoß, in: Enders Neudrucke, Bd. I, S. 124, 130. Eyn new vnd das letzt außschreyben der xv. bundtgenossen, in: Enders Neudrucke, Bd. I, S. 173. wie gar gfarlich sey. So ein Priester kein Eeweyb hat, in: Enders Neudrucke, Bd. II, S. 24. Ain kurtzer gschrifftlicher bericht, in: Enders Neudrucke, Bd. II, S. 179.

[17] wie gar gfarlich sey. So ein Priester kein Eeweyb hat, in: Enders Neudrucke, Bd. II, S. 22.

[18] Winfried Becker, „Göttliches Wort", „göttliches Recht", „göttliche Gerechtigkeit". Die Politisierung theologischer Begriffe?, in: HZ, Beiheft 4 (1975), S. 244. Peter Blickle, Die Revolution von 1525, S. 147 - 149, 237.

[19] Willy Andreas, Deutschland vor der Reformation, S. 415. Peter Blickle, Thesen zum Thema — Der „Bauernkrieg" als Revolution des „gemeinen Mannes", in: HZ, Beiheft 4 (1975), S. 129, 130.

[20] Günther Franz, Der deutsche Bauernkrieg, S. 2, 3, 41. Helmar Junghans, Die Reformation in Augenzeugenberichten, S. 282. Hellmuth Rössler, Europa

### *b) Neuordnung des Reichsrechts*

Eberlins Vorschlägen zur Neuordnung des Reichsrechts liegt weniger ein geschlossenes rechtssystematisches Reformkonzept zugrunde als vielmehr die Absicht, punktuell einzelne Mißstände und entsprechende Abhilfemöglichkeiten aufzuzeigen. Es ist somit zunächst Eberlins Auswahl und Wertung eines reformbedürftigen Problemkreises. Mit Sicherheit handelt es sich dabei aber um die hauptsächlichsten Mißbräuche im Rechtswesen seiner Zeit. Das zeigen nicht nur die vielfältigen thematischen Übereinstimmungen mit der übrigen Reformliteratur, sondern auch die im Bauernkrieg wieder aufgenommenen, zum Teil schon jahrzehntealten Reformforderungen.

Grundlage der Neuordnung ist für Eberlin die Sammlung des regionalen Rechts einer jeden Vogtei, das zu seiner Gültigkeit in einer Volksbefragung bestätigt werden muß[21]. Darüber hinaus soll jedes Kastell, jede Stadt und jedes Fürstentum „für sich selbs nützlich gebot vnd recht machen", was als eine Art übergeordnetes Rahmengesetzgebungsrecht verstanden werden kann[22].

Die staatsrechtliche Trennung von Reich und Kirche findet ihre Fortsetzung in der Abgrenzung zwischen weltlicher und geistlicher Rechts- und Gerichtskompetenz.

Zum einen geht es Eberlin um eine grundsätzliche Zuständigkeitsregelung beider Rechtsbereiche, wie sie auch schon in der Reformatio Sigismundi gefordert wurde[23]. Das aber bedeutete, so wie die tatsächlichen Verhältnisse waren, die Zurückdrängung der geistlichen Gerichtsbarkeit. Dieser Prozeß war am Ende des Mittelalters und vor allem zu Beginn der Reformationszeit in vollem Gange. Er brachte die Umkeh-

---

im Zeitalter von Renaissance, Reformation und Gegenreformation 1450 - 1650, S. 216.

[21] Der .XI. büdtgnoß, in: Enders Neudrucke, Bd. I, S. 122. In ähnlicher Weise schlägt Cusanus zur Rechtsvereinheitlichung im Reich die Sammlung und Harmonisierung der örtlichen Rechtsgewohnheiten und Partikulargesetze vor, über die auf Reichsversammlungen beraten und entschieden werden soll. Vgl. Gerhard Kallen, Conc. cath. III, cap. 35, S. 442, 446. Johannes Bärmann, Cusanus und die Reichsreform, in: MFdCG, 4. Bd. (1964), S. 98. Ebenso verlangt die Reformatio Sigismundi ein einheitliches gemeines Recht, während sich der Oberrheinische Revolutionär mit der Aufzeichnung der einzelnen Stadtrechte begnügt. Vgl. Heinrich Koller, RS, S. 308: „Man soll auch gedenckenn, das allernützest ist, ein ordenung zü setzen umb frid und recht gemein zü haben under herren, steten und uff dem lande." Annelore Franke u. Gerhard Zschäbitz, OR, cap. 19, S. 244: „Dorvmb wer fast nutz, das ein yecliche stat hett ein bůch, darin ir gescribne recht instůnden, nit, das eim recht wer vnd dem anderen vnrecht."

[22] Der .XI. büdtgnoß, in: Enders Neudrucke, Bd. I, S. 123.

[23] Heinrich Koller, RS, S. 298: „Item man soll verhuten, an keinen weltlichen gerichten uber kein geistlich ding zü richten, wann weltlich gericht und geistlich gericht sollent sich lauter scheyden."

rung einer Entwicklung, die, begünstigt sowohl durch das machtpolitische und moralische Gewicht der Kirche als auch durch eine ungenügende Rechtspflege der weltlichen Obrigkeit, zu einer jahrhundertelangen Ausdehnung der kirchlichen Gerichtsbarkeit im Reich geführt hatte[24]. Scharf wendet sich Eberlin gegen die Anwendung des geistlichen Rechts und gegen die kirchliche Gerichtszuständigkeit in weltlichen Angelegenheiten. Vor allem darf niemand mehr wegen einer zivilrechtlichen Schuld mit dem Kirchenbann verfolgt werden[25]. Unzulässig soll es auch sein, Geistliche der weltlichen Gerichtsbarkeit, insbesondere der Strafgewalt, zu entziehen[26].

Zum anderen sieht Eberlin in der kirchlichen Gerichtspraxis ein Übergreifen des Papstes und der römischen Kirche auf Reichsangelegenheiten und ein weiteres Mittel, Geld aus Deutschland herauszuziehen. Dem Papst und seinen Helfern, den Bettelorden, wirft Eberlin vor, sie würden überall Zwietracht säen und die Prozesse schließlich nach Rom ziehen, um dort „vnbillich recht vmb grosses gålt" zu geben[27]. In keiner Sache darf deshalb mehr eine Rechtsentscheidung oder ein Dispens in

---

[24] Weit über das privilegium fori der Geistlichen hinaus reichte die kirchliche Gerichtspraxis in den weltlichen Rechtsbereich hinein. Neben den Rechtssachen, die Kleriker betrafen, erstreckte sie sich auf alle rein religiösen und kirchlichen Rechtsverhältnisse (causa mere spirituales, ecclesiasticae), zu denen vor allem auch Ehesachen gehörten. Weiter umfaßte sie die sog. gemischten Rechtsverhältnisse (causae spiritualibus annexae), u. a. das Patronatswesen, das Kirchenvermögen berührende Angelegenheiten, durch Eid bekräftigte Verträge und — mit der Wirkung einer Generalklausel — alle Zivilstreitigkeiten, bei denen das Verhalten einer Partei als Sünde aufgefaßt werden konnte. Schließlich gehörten vor das kirchliche Gericht alle Prozesse der Armen, Witwen und Waisen und aller Personen, denen das weltliche Gericht eine Rechtshilfe verweigerte oder verzögerte. Vgl. dazu Anton Störmann, Die städtischen Gravamina gegen den Klerus am Ausgange des Mittelalters und in der Reformationszeit, S. 194, 195.

[25] Der .XI. büdtgnoß, in: Enders Neudrucke, Bd. I, S. 128. Die Abschaffung des Kirchenbanns als Rechtsinstitut in weltlichen Dingen war ein seit langem, in der Reformliteratur des 15. Jahrhunderts ebenso wie in den Flugschriften der Reformationszeit und in den Gravamina der deutschen Nation, immer wiederkehrendes Anliegen. Vgl. dazu: Heinrich Koller, RS, S. 298. Martin Luther, Eyn Sermon von dem Bann, in: Luthers Werke (WA), Bd. VI, S. 75. Beschwerden der weltlichen Stände gegen den Stuhl zu Rom und die Geistlichkeit (Nürnberg 1523), in: RTA (JR), Bd. III, Nr. 110, S. 645, Grav. Nr. 22, 23, S. 664, 665.

[26] Der .X. büdtgnoß, in: Enders Neudrucke, Bd. I, S. 111: „Der vogt im flåcken vnd der radt soll gewalt haben vber pfaffen wie vber ander leüt." Der .XV. bundtgnoß, in: Enders Neudrucke, Bd. I, S. 167: „Welcher seit, das die pfaffen nit sôllen vnderworffen sin vß dem gesatz gottes den layen in zeitlichen dingen zů straff vnd vrthail, der irret." In ähnlicher Weise wendet sich der Oberrheinische Revolutionär gegen die kirchliche Strafgerichtsbarkeit, vgl. Annelore Franke u. Gerhard Zschäbitz, OR, cap. 33, S. 282. Parallelen ergeben sich auch zu Luthers Schrift „An den Christlichen Adel deutscher Nation von des Christlichen standes besserung", in: Luthers Werke (WA), Bd. VI, S. 409.

[27] Der .VIII. bundts gnoß, in: Enders Neudrucke, Bd. I, S. 82.

Rom eingeholt werden. Das gilt selbst in geistlichen Angelegenheiten, für die der Landesbischof zuständig sein soll[28].

Zum Verfahrensrecht macht Eberlin nur einige wenige Anmerkungen, die zunächst unwesentlich erscheinen. Sie geben jedoch einen Einblick in das Rechtsverständnis und -empfinden seiner Zeit. Klagen über mangelnden Rechtsschutz in langwierigen und ineffektiven Prozessen bei unsicheren Zuständigkeiten und weit entfernten Gerichtsorten waren im ausgehenden Mittelalter gang und gäbe[29]. Nicht nur fremden materiellrechtlichen Normen, auch den in seinen Augen gekünstelten Verfahrensmodalitäten steht der gemeine Mann ohne Verständnis gegenüber. Das Verlangen nach der klaren, dem Laien einleuchtenden Rechtsweisung in einem einfachen, überschaubaren Verfahrensablauf wird deutlich. Sichtbar wird auch die Abneigung gegen ein nicht aus dem eigenen Erfahrungs- und Lebensbereich heraus erfaßbares Gelehrtenrecht und gegen seine wissenschaftlich ausgebildeten Anwender. In den volkstümlichen Schriften spiegelt sich eine zunehmende Juristenfeindlichkeit[30].

Schon Cusanus hatte in der Concordantia catholica beklagt, daß in der Urteilsfindung entweder überhaupt keine Gerechtigkeit oder doch größte Verwirrung festzustellen sei. Mit spitzfindigen, ausgetüftelten Formeln würden die einfachen Leute um ihr Recht gebracht und obendrein noch verhöhnt. Gelte doch: „Wer in einer Silbe sich verirrt, die ganze Sache damit verliert[31].“

Eberlin hält Juristen oder besondere Fürsprecher in einem Rechtsstreit für überflüssig, da jeder selbst die erforderlichen allgemeinen Rechtskenntnisse haben soll. Wer seine Sache vor Gericht nicht selbst vertreten kann, soll den nächsten Mitbürger zu Hilfe nehmen[32]. Unter

[28] Der erst budtsgnosz, in: Enders Neudrucke, Bd. I, S. 12. Der .XII. būdtgnoß, in: Enders Neudrucke, Bd. I, S. 134. Mit deutlicher antirömischer Tendenz in der Frage der kirchlichen Gerichtsbarkeit, soweit weltliche Rechtsstreitigkeiten betroffen sind, auch Luther, An den Christlichen Adel deutscher Nation von des Christlichen standes besserung, in: Luthers Werke (WA), Bd. VI, S. 430, und die Beschwerden der weltlichen Stände gegen den Stuhl zu Rom und die Geistlichkeit (Nürnberg 1523), in: RTA (JR), Bd. III, Nr. 110, S. 645, Grav. Nr. 5, S. 652.

[29] Willy Andreas, Deutschland vor der Revolution, S. 423. Elisabeth Bohnenstädt, Kirche und Reich im Schrifttum des Nikolaus von Cues, S. 109. Annelore Franke u. Gerhard Zschäbitz, OR, stat. 27, S. 485: „Das 27. statut ist verbotten, das keiner den andern soll fur ein andern frembden richter citieren ...“

[30] Ulrich Bubenheimer, Consonantia Theologiae et Jurisprudentia, S. 218, 219. Helmuth Stahleder, Arbeit in der mittelalterlichen Gesellschaft, S. 141. Albert Stein, Martin Luthers Meinungen über die Juristen, in: ZRG (KA), 85. Bd. (1968), S. 366.

[31] Gerhard Kallen, Conc. cath. III, cap. 35, S. 446.

[32] Der .XI. būdtgnoß, in: Enders Neudrucke, Bd. I, S. 127, 128: „In jetlicher vogty soll man kain lassen ein hußhåbigen burger sein, er wiß dann ire

den Beschwerden, die der erste Bundesgenosse Kaiser Karl V. vorlegt, findet sich auch die Bitte, die häufig beklagten Prozeßverschleppungen abzustellen. Kein Rechtsstreit soll „dem armen man zů verderbnüß" mehr als ein Jahr hingezogen werden[33].

Auf Einzelheiten der Gerichtsorganisation, wie sie in Reformschriften häufig erörtert und auch in den Reichsreformplänen der aufständischen Bauern von 1525 wieder aufgegriffen werden, auf die Anzahl und die Besetzung der Gerichte und den Instanzenzug, geht Eberlin nicht ein. Das erscheint zunächst überraschend, entspricht aber seiner Arbeitsweise, wie sie bereits in den Vorschlägen zum Reichsaufbau deutlich geworden ist. Ein Grund dafür wird in dem verwendeten Publikationsmedium, der Flugschrift, zu suchen sein. Eberlin will etwas bewirken, will aufrütteln. Seine Thesen sollen ankommen, die öffentliche Meinung beeinflussen. Während er einerseits das Wesentliche seiner Reformvorstellungen knapp und schlagwortartig zusammenfaßt, ohne auf Einzelheiten einzugehen, beschreibt er breit und mit erläuternden Beispielen ihre Auswirkungen, wo sie seinen Adressaten, den gemeinen Mann, unmittelbar berühren und deshalb auch direkt interessieren.

### *c) Einzelregelungen*

Im 11. Bundesgenossen behandelt Eberlin einzelne Rechtsbereiche. Zwar stehen sie weder in einem systematischen noch in einem inneren sachlichen Zusammenhang. Gemeinsam ist ihnen aber der praktische Bezug zu Vorgängen des täglichen Lebens. Die einzelnen zivil- und strafrechtlichen Regelungen vermitteln den Eindruck, daß sie zwar ungeordnet, aber nicht wahllos zusammengestellt worden sind, um als Grundlage für die durch Volksabstimmung zu beschließende Neuordnung des Rechts dienen zu können.

Verhältnismäßig ausführlich beschäftigt sich Eberlin mit dem Bereich Ehe und Familie. Die Ehemündigkeit wird für den Mann auf 18 Jahre, für die Frau auf 15 Jahre festgesetzt. Ehehindernisse sollen nur bestehen, soweit sie aus der Bibel hergeleitet werden können. Das Eheverbot aufgrund naher Verwandtschaft gilt nicht für „Geschwisterkinder", d. h.

gmeine breüch vnd recht. Jetlicher soll gemeine recht wissen, vnd das jetlicher wiß sin billichs vnd vnbillichs. Kain jurist, kain fürsprâch soll fürhin me sein, welcher im selbst nit kan reden, der nâm den nâchsten mitburger." Die Forderung nach Abschaffung der Juristen in den Gerichten wird auch im Bauernkrieg von 1525, im Reichsreformplan Friedrich Weigandts für die Heilbronner Verhandlungen, erhoben. Vgl. dazu Günther Franz, Quellen zur Geschichte des Bauernkrieges, S. 374, 376. Lorenz Fries, Die Geschichte des Bauern-Krieges in Ostfranken, Bd. I, S. 435: „Zum vierten solle alle doctores, gaistlich oder weltlich, in kains fursten rathe, auch an kain gericht zu sitzen, zu reden, zu rathen oder zu handlen erlitten, sonder ganz abgethan werden."

[33] Der erst bůdtsgnosz, in: Enders Neudrucke, Bd. I, S. 13.

ab dem vierten Grad in der Seitenlinie[34]. Die Kirche, unter deren Jurisdiktion das Eherecht fiel, hatte aus moralischen und sozialen Gründen das trennende Ehehindernis der Blutsverwandtschaft sehr weit gezogen. Obwohl seit dem 4. Laterankonzil von 1215 das zuvor in der Seitenlinie bis zum siebten Grad kanonischer (germanischer) Zählung[35] reichende Ehehindernis auf die ersten vier Grade beschränkt war, wurde es weiterhin, vor allem zur Zeit der beginnenden Reformation, als zu große Einschränkung der Verwandtenehe angesehen[36]. Vor allem auf dem Land mußte das weitgehende Ehehindernis der Blutsverwandtschaft in Verbindung mit dem auf der Leibeigenschaft beruhenden Verbot der Freizügigkeit zu einer drückenden Beschränkung der Heiratsfähigkeit führen[37].

Für Geistliche sind gegenüber Laien keine Ausnahmen vorgesehen. Den Zölibat, das seit Jahrhunderten und vor allem wieder zur Zeit der Reformation äußerst umstrittene und mit Emotionen belastete Kirchengebot lehnt Eberlin rundweg ab. Auf dieses Problem kommt er in seinen Schriften mit ausführlichen Stellungnahmen immer wieder zurück[38]. Überhaupt will Eberlin das Institut der Ehe dem kirchenrechtlichen Zugriff ganz entziehen. Während er die kirchliche Mitwirkung bei der Eheschließung zunächst noch anerkennt, sieht er später die Ehe nicht mehr als Sakrament an[39]. Die Ehe wird in ihrem Bestand zwar geschützt, aber nicht als unauflöslich angesehen. Auf Ehebruch soll die Todesstrafe stehen[40]. Bei „grosser hindernüß" aber dürfen sich Eheleute scheiden lassen und mit anderen Partnern eine neue Ehe eingehen. Im Todesfall soll der überlebende Ehegatte nach zehn Wochen erneut heiraten können, wenn er nicht allein bleiben will[41].

---

[34] Der .X. büdtgnoß, in: Enders Neudrucke, Bd. I, S. 113. Derselbe Vorschlag findet sich in Luthers Schrift „Welche Personen verboten sind zu ehelichen", in: Luthers Werke (WA), Bd. X, S. 265.

[35] Anders als nach römischem Recht und auch nach heutiger Zählung aufgrund aller vermittelnden Geburten (BGB) reichte die gradmäßige Verwandtschaft jeweils wesentlich weiter. Alle Nachkommen eines Ehepaares rechneten zur 1. Ordnung, die ihrer Eltern zur 2. Ordnung usw. bis zur 7. Ordnung (Zählung nach Familienschaften). Der Grad der Verwandtschaft bezog sich dabei jeweils auf den Abstand zur gemeinsamen Abstammungs- bzw. Ausgangsperson. Geschwisterkinder waren danach (noch) im 2. Grad in der Seitenlinie verwandt. Vgl. dazu Hermann Conrad, Deutsche Rechtsgeschichte, Bd. I, S. 401. Mitteis / Lieberich, Deutsches Privatrecht, S. 55, 60. Willibald M. Plöchl, Geschichte des Kirchenrechts, Bd. II, S. 321, 322.

[36] Anton Störmann, Die städtischen Gravamina gegen den Klerus am Ausgange des Mittelalters und in der Reformationszeit, S. 220, 221.

[37] Peter Blickle, Die Revolution von 1525, S. 107.

[38] Der .XI. büdtgnoß, in: Enders Neudrucke, Bd. I, S. 124.

[39] Der .X. büdtgnoß, in: Enders Neudrucke, Bd. I, S. 113.

[40] Der .XI. büdtgnoß, in: Enders Neudrucke, Bd. I, S. 123.

[41] Der .X. büdtgnoß, in: Enders Neudrucke, Bd. I, S. 113. Maßgebend sind für Eberlin hierbei sittliche und moralische Beweggründe, wie sich aus der

Weiter geht Eberlin kurz auf die Erbregelung ein. Auch in diesem Zusammenhang ist seine antikirchliche Haltung nicht zu übersehen, soweit es um die Ansammlung großer Kirchenvermögen geht. Deshalb darf ohne Wissen und Willen des zuständigen Vogts nicht zugunsten allgemeiner Einrichtungen, seien es Schulen, Kirchen oder Spitäler, testiert werden. Eine genaue altersmäßige Voraussetzung für die ansonsten unbeschränkte Testierfähigkeit legt Eberlin nicht fest. Jeder soll von der Zeit an, da er „verstendig wirt", ein Testament errichten können. Das Testament ist frei widerruflich. Im Zweifelsfalle gilt das letzte Testament[42]. Erbrechtliche Ausnahmeregelungen für Geistliche gibt es nicht. So soll man künftig „in die Klöster" erben können. Stirbt jemand im Kloster, sollen „sine fründ wider håruß erben"[43].

Auch die Vorschläge Eberlins zur Strafrechtsordnung sind nicht Teil einer eigentliche Strafrechtskonzeption zu bestimmten Straftaten. Anknüpfungspunkt sind besonders häufige Delikte, Mißbräuche und sonstige eher geringfügige, das soziale Zusammenleben in der Gemeinde störende Verhaltensweisen im alltäglichen Bereich. Zwei grundsätzliche Erwägungen Eberlins weisen auf die Rechtsunsicherheit und Rechtszersplitterung, von der auch die Strafjustiz seiner Zeit betroffen ist. Zum einen wendet sich Eberlin gegen jede Selbsthilfe. Die Strafe muß, soll sie zu Recht ergehen, durch die ganze Gemeinde oder durch die Obrigkeit erfolgen[44]. Zum anderen sucht Eberlin eine eingrenzende Festlegung des Strafmaßes aus der Heiligen Schrift herzuleiten. Kein peinliches Statut soll angenommen werden, das sich nicht aus dem Gesetz Moses ergibt, da der Mensch nicht härter strafen soll als Gott[45].

Die Strafen dienen der Vergeltung für den Rechtsbruch, wie es sich zum Teil, die Straftat spiegelnd, sogar im sprachlichen Ausdruck zeigt. So soll man einen Mörder ebenfalls „mørden"[46]. Wer einen anderen schmäht oder gegen dessen Ehre redet, soll öffentlich geschmäht werden[47]. Daneben wird die Strafe aus praktischen Erwägungen heraus zum Nutzen der Gemeinschaft bestimmt, indem etwa Diebstahl und Straßenraub mit Zwangsarbeit geahndet wird. Ein Dieb soll ein Jahr lang, ein Straßenräuber lebenslänglich für alle „bossel arbeit" herangezogen werden[48].

---

von ihm aufgezeigten Alternative zur Wiederverheiratung ergibt: „... es (der überlebende Ehegatte) wøll dann williglich küsch bleiben."

[42] Der .X. büdtgnoß, in: Enders Neudrucke, Bd. I, S. 114.

[43] Der .XII. büdtgnoß, in: Enders Neudrucke, Bd. I, S. 136.

[44] Eyn new vnd das letzt außschreyben der xv. bundtgenossen, in: Enders Neudrucke, Bd. I, S. 198.

[45] Der .XI. büdtgnoß, in: Enders Neudrucke, Bd. I, S. 130.

[46] Der .XI. büdtgnoß, a.a.O., S. 129.

[47] Der .XI. büdtgnoß, a.a.O., S. 123.

[48] Der .XI. büdtgnoß, a.a.O., S. 128, 129.

Teilweise sind die normierten Straftaten und ihre rigorose Ahndung nur aus der gegebenen Situation heraus zu erklären. Eberlin befindet sich nach seiner Vertreibung aus Ulm als „außgeloffen Munch“ in einem erbitterten Kampf gegen die Mißbräuche und Übergriffe der Kirche. Verständlicherweise wendet er sich gegen die altgläubigen Geistlichen, die Ordensangehörigen im allgemeinen und die Bettelmönche und vor allem Franziskaner im besonderen. Manche Übertreibung mag auch auf den gereizten und polemischen Grundton der Flugschriften zurückzuführen sein, mit denen sich Anhänger und Gegner der Reformation bekämpften. Und schließlich schießt Eberlin oftmals über das Ziel hinaus, wenn es darum geht, seine religiöse, sittliche und ethische Überzeugung mit dem reformatorischen Eifer des Neubekehrten zu vertreten.

Bei hoher Strafe soll niemand mehr Geistlicher werden können, bevor er sein dreißigstes Lebensjahr vollendet hat[49]. Wer einen Geistlichen mehr ehrt als einen Vogt oder Ratsherrn, soll öffentlich bestraft werden. Dasselbe gilt für den, der künftig einen Ablaß verkündet oder liest[50]. Wer wahrheitswidrig oder anders als bei Gott schwört und wer für Ausleihen ein Entgelt fordert, soll mit Ruten geschlagen werden[51]. Wer eine ernstgemeinte Zusage nicht hält, soll öffentlich geschmäht werden. Wer seinem Nachbarn in Not nicht hilft, obwohl er es könnte, und wer seinen Schuldverpflichtungen zum Fälligkeitstermin nicht nachkommt, soll öffentlich gestraft werden[52].

Einzelne Straftatbestände zeigen ein ausgeprägtes, auf praktischer Lebenserfahrung beruhendes kriminologisches Einfühlungsvermögen für soziale Verhaltensweisen im Vorfeld kriminellen Unrechts. Bei großer Strafe soll niemand müßig gehen. Jedermann ist zu „bequemlicher“, d. h. angemessener Arbeit anzuhalten. Müßiggang soll als öffentliche Schande angesehen werden[53]. Allen Jugendlichen ist Karten- und Würfelspiel um Geld oder Geldeswert verboten. Erwachsene können zu „geziemenden Zeiten“ spielen, doch um nicht mehr als einen Kreutzer. Heimliches Spielen soll generell untersagt sein[54].

Weitere Einzelregelungen Eberlins wirken aus heutiger Sicht eher unwichtig, sogar kleinlich und in ihrer Gesamtheit den persönlichen Bereich des einzelnen stark einengend. Ihre Bedeutung ergibt sich jedoch aus dem Verständnis seiner Zeit und vor dem Hintergrund der seit

---

[49] Der .X. bůdtgnoß, in: Enders Neudrucke, Bd. I, S. 112.

[50] Der .XI. bůdtgnoß, in: Enders Neudrucke, Bd. I, S. 128, 130.

[51] Der .XI. bůdtgnoß, a.a.O., S. 123, 128.

[52] Der .XI. bůdtgnoß, a.a.O., S. 128.

[53] Der .XI. bůdtgnoß, a.a.O., S. 130.

[54] Der .XI. bůdtgnoß, a.a.O., S. 124.

dem Ende des 15. Jahrhunderts einsetzenden Polizeigesetzgebung[55]. Wirtschaftliche, sittliche und soziale Beweggründe verbinden sich zu einer alle Lebensbereiche umfassenden Reglementierung durch die Obrigkeit. Der gemeine Nutzen, ein Zentralbegriff in Eberlins Reformvorschlägen, verlangt die starke Sozialbindung des einzelnen in der Gemeinschaft. Gegen äußerlichen Prunk als Mittel zur Verwischung der Standesunterschiede in der überkommenen Gesellschaftsordnung wendet sich Eberlin ebenso wie gegen jede Art der Verschwendung, die letztlich zur Verarmung auf Kosten der Allgemeinheit führen müsse. Den Kaufleuten wirft Eberlin vor, sie zeigten eine Pracht, die vor Zeiten einem Grafen zuviel gewesen wäre[56]. Der Besitz von Bergschlössern soll grundsätzlich dem Adel vorbehalten sein. Der Bau neuer Schlösser und übermäßig aufwendiger Privathäuser ist zu untersagen[57]. Eine Kleiderordnung fehlt in Eberlins Vorschlägen ebensowenig wie Regelungen zur Beschränkung des Aufwands bei Festen und Feierlichkeiten und das Verbot des Zutrinkens[58]. Inhaltlich gleiche oder doch ähnliche Verordnungen waren wiederholt Gegenstand von Verhandlungen und Beschlüssen der Reichstage seiner Zeit[59].

### 6. Wirtschaftsordnung

Eberlin, der das städtische Wirtschaftsleben aus eigener Anschauung kennt und sich den Erfordernissen des Handelsverkehrs durchaus nicht verschließt, sieht die volkswirtschaftliche Grundlage des Reichs in der Landwirtschaft. Das entspricht jedoch weniger einer konservativen Einstellung Eberlins, wie Schmidt[1] angenommen hat, als vielmehr den wirtschaftlichen Verhältnissen einer noch ganz überwiegend agrarisch aus-

[55] Werner Hartz, Die Gesetzgebung des Reichs und der weltlichen Territorien in der Zeit von 1495 bis 1555, S. 7: „Der Begriff der Polizeigesetzgebung ist im 16. Jahrhundert sehr umfassend, unter „Polizei“ verstand man die Sorge für die Zucht und Sitte, Ordnung und Sicherheit im privaten und öffentlichen Leben, außerdem alle Maßnahmen, die das Wohlergehen der Landesbewohner und die Wirtschaft fördern sollten.“

[56] Mich wundert das kein gelt ihm land ist, in: Enders Neudrucke, Bd. III, S. 160. Der .XI. büdtgnoß, in: Enders Neudrucke, Bd. I, S. 129: „Welcher gemerckt wirt, das er vberflüssiger zert, dann sein vermo̊gen geacht wirt, soll bim aid anzeigt werden den obern.“

[57] Der .XI. büdtgnoß, in: Enders Neudrucke, Bd. I, S. 126, 127.

[58] Der .XI. büdtgnoß, a.a.O., S. 123, 129.

[59] Vgl. die Reichtstagsabschiede von Lindau 1497, Freiburg 1498 und Augsburg 1500: §§ 8 - 17, 22 RA 1497, in: NSdRA, Bd. I, Teil 2, S. 31, 32. §§ 39, 40, 47 RA 1498, in: NSdRA, Bd. I, Teil 2, S. 47 - 49. Art. 23, 29 RA 1500 (Kammergerichts-Artikel), in: NSdRA, Bd. I, Teil 2, S. 78 - 80. Verhandlungen des Reichstags zu Worms 1521, in: RTA (JR), Bd. II, Nr. 30, S. 335 - 341, 359. Werner Hartz, Die Gesetzgebung des Reichs und der weltlichen Territorien in der Zeit von 1495 bis 1555, S. 14.

[1] Johann H. Schmidt, „Die 15 Bundesgenossen“ des Johann Eberlin von Günzburg, S. 72.

gerichteten Bevölkerung. Idealistisch mutet allerdings Eberlins Forderung an, den Adel auf die landwirtschaftliche Erwerbsquelle zu verpflichten und — so ist es wohl aus dem Zusammenhang zu verstehen — zu beschränken, soweit er nicht zu Verwaltungsaufgaben im Dienste der Allgemeinheit herangezogen wird[2]. So legt er z. B. präzise fest, daß der dem Ritterstand angehörende Schultheiß eines Dorfes soviel Ackerland haben soll, wie mit zwei Pflügen bestellt werden kann. Dem bäuerlichen Lebenskreis gehört auch die weit verbreitete Forderung nach Anerkennung und Gewährung des alten Allmenderechts an, die sich Eberlin zu eigen macht. Wild, Vögel und Fische sollen für jedermann gemein sein; ebenso die Nutzung der Wälder durch Holzeinschlag[3]. Das Verlangen nach Freiheit der Jagd, des Fischfangs und der allgemeinen und freien Nutzung von Wald und Weide ist ein altes Anliegen in Erinnerung an das Eigenrecht ehemals freier Bauern. Diese Forderungen, die immer wieder in Reformvorschlägen und Flugschriften auftauchen, spielen schließlich im Bauernkrieg von 1525 eine große Rolle[4].

Aus dem städtischen Bereich stammt Eberlins Vorschlag, alle großen Handelsgesellschaften abzuschaffen. Das Großhandelsunternehmen der Fugger war zum Synonym der Gesellschaften geworden, die mit überragender Konzentration wirtschaftlicher Macht zunehmend auch politische Bedeutung erlangten. Das volkstümliche Schlagwort „Fugger macht den Kaiser" erfaßt zwar einerseits überspitzt, andererseits nur unzureichend die vielfältigen Aktivitäten allein dieses Handelshauses, dessen Geld nicht nur bei der Kaiserwahl Karls V. den Ausschlag gegeben hat[5]. Besondere Erbitterung mußte in den Religionswirren der beginnenden Reformation die Beteiligung an den kirchlichen Ablaßgeldern erregen, die Fugger für die Finanzierung der Palliengelder und Dispenszahlungen Albrechts von Brandenburg im Zusammenhang mit einer auch für die damalige Zeit ungewöhnlichen Pfründenhäufung erhielt[6].

---

[2] Der .XI. büdtgnoß, in: Enders Neudrucke, Bd. I, S. 122: „Kåin eerlichere arbeit oder narung sol sein dann ackerbaw. Aller adel soll sich neren vom ackerbaw."

[3] Der .XI. büdtgnoß, in: Enders Neudrucke, Bd. I, S. 125. In gleicher Weise wandte sich bereits der Oberrheinische Revolutionär gegen die besonders in Südwestdeutschland verbreitete Enteignung der dörflichen Allmende. Vgl. Annelore Franke u. Gerhard Zschäbitz, Das Buch der hundert Kapitel und der vierzig Statuten des sogenannten Oberrheinischen Revolutionärs, S. 80, 130. OR, cap. 34, S. 285.

[4] Günther Franz, Quellen zur Geschichte des Bauernkrieges, S. 177. Vgl. den vierten und fünften der „Zwölf Artikel" von 1525.

[5] Otto H. Brandt, Die Fugger. Geschichte eines deutschen Handelshauses, S. 23. Götz Frhr. von Pölnitz, Anton Fugger, Bd. I, S. 51. Hellmuth Rössler, Europa im Zeitalter von Renaissance, Reformation und Gegenreformation 1450 - 1650, S. 213, 214.

[6] Entgegen dem kanonischen Kumulierungsverbot konnte Albrecht von

Wegen seiner Handelstätigkeit und reinen Verteilerfunktion wurde der Kaufmann leicht als Nutznießer fremder „produktiver" Arbeit angesehen[7]. Unter dem Einfluß eines weiten, wenig abgrenzbaren „usura"-Begriffs rückte jeder spekulative, überhaupt jeder als übermäßig angesehene Gewinn in die Nähe des Wucherverbots[8]. Zahlreiche Flugschriften des 15. und vor allem des beginnenden 16. Jahrhunderts prangern die preistreibende Wirkung des Fürkaufs, des spekulativen Aufkaufs und der künstlicher Verknappung vor allem lebensnotwendiger Güter wie Nahrungsmittel, und die den Wettbewerb einschränkenden Monopolbildungen und Preisabsprachen an. Diese Praktiken werden, zwar nicht zwangsläufig zutreffend, aber wohl nicht zu Unrecht vor allem mit den großen Handelsgesellschaften in Verbindung gebracht[9]. Die Reformatio Sigismundi und der Oberrheinische Revolutionär werfen den Kaufleuten übersteigerten Eigennutz vor, der die Armen bedränge und das Land verderbe. Überhöhte Gewinne aus dem Fernhandel und dem Fürkauf seien Unrecht, Wucher und Diebstahl[10].

Wiederholt beschäftigten sich auch die Reichstage mit der Regelung der Handelsgesellschaften. Nachdem bereits der Reichsabschied von Trier und Köln 1512[11] die Monopolbildung unter Strafandrohung verboten hatte, wurden 1522/23 vom Reichsfiskal die ersten Klagen wegen Monopolvergehen erhoben. Auf Intervention Kaiser Karls V. mußten die Verfahren, u. a. gegen die bekannten Augsburger Handelsgesellschaften der Fugger und Welser, jedoch eingestellt werden[12]. Das

---

Brandenburg 1514 nach seiner Wahl zum Erzbischof von Mainz und der damit verbundenen Kurfürstenwürde mit päpstlicher Bestätigung weiterhin Erzbischof von Magdeburg und Administrator der Diözese Halberstadt bleiben und damit drei bedeutende Kirchenämter in seiner Hand vereinigen. Vgl. dazu Richard Ehrenberg, Das Zeitalter der Fugger, Geldkapital und Creditverkehr im 16. Jahrhundert, Bd. I, S. 98, 99. Joseph Lortz, Die Reformation in Deutschland, Bd. I, S. 198, 199. Götz Frhr. von Pölnitz, Die Fugger, S. 112, 113.

7 Willy Andreas, Deutschland vor der Reformation, S. 422. Helmuth Stahleder, Arbeit in der mittelalterlichen Gesellschaft, S. 141.

8 Alfred Doren, Zur Reformatio Sigismundi, in: HVj, 21. Bd. (1922/23), S. 23. Tilman Struve, Reformation oder Revolution?, in: ZGORh, 126. Bd. (1978), S. 91, 93.

9 Willy Andreas, Deutschland vor der Reformation, S. 338 - 340. Fritz Blaich, Die Reichsmonopolgesetzgebung im Zeitalter Karls V., S. 17, 22 u. 23.

10 Heinrich Koller, RS, S. 274: „Item es sein auch auffgestanden groß geselschafft, dye züsamenspannent und treyben kauffmanschatz; sye treyben allerley alefantz, das stetten und lendern ubel kompt." Vgl. auch S. 272, 314, 316. Annelore Franke u. Gerhard Zschäbitz, OR, stat. 11, S. 454: „ein kouffman, der mer dan verdienten lon nimpt, ist ein dieb vnd wirt gezelt glich eim furkouffer, das sindt die, die do nit wernd vmb bar gelt kouffen, vnd geben dings vmb zwin gelt etc., das ist wůcher vnd diebstal." Vgl. auch cap. 29, S. 267, 268.

11 Artikel 4, §§ 16 - 18 RA 1512, in: NSdRA, Bd. I, Teil 2, S. 144.

12 Fritz Blaich, Die Reichsmonopolgesetzgebung im Zeitalter Karls V., S. 10,

Reichsregiment und die Reichstage bemühten sich um Kompromißformeln, die nur die Mißbräuche, nicht auch die wirtschaftlich notwendige Betätigung der Handelsgesellschaften treffen sollten. Grundlegende Bedeutung für die Monopoldiskussion erlangte das Gutachten des sog. kleinen Ausschusses des Nürnberger Reichstages von 1522/23[13]. Im zweiten Artikel dieses Ratschlags[14] stellt der Ausschuß zwar klar, daß „monopolia oder schedliche geselschaft und furkeuf in dem gemeinen rechten verbotten sind", läßt die volkswirtschaftlich unentbehrliche Einrichtung der Handelsgesellschaften im Grundsatz aber unangetastet. In den Artikeln 16 und 36[15] wird vorgeschlagen, das Eigenkapital auf 20 000 bis höchstens 50 000 Gulden zu begrenzen und eine Übergangsfrist von einem bis eineinhalb Jahren zu gewähren. Wegen des Widerstands Karls V., der sich noch in seiner Wahlkapitulation von 1519[16] verpflichten mußte, gegen die großen Handelsgesellschaften einzuschreiten, sind alle gesetzgeberischen Bestrebungen des Reichstags letztlich ohne praktisches Ergebnis geblieben.

Eberlin will zunächst alle „Fuggereien" zerstört und für immer abgeschafft wissen. Später beschränkt er sein Verbot auf die Gesellschaften mit mehr als drei Gesellschaftern[17], was zwar große Publikumsgesellschaften, nicht aber die Konzentration enormer Wirtschaftsvermögen in wenigen Händen hätte verhindern können. Die Einfuhr von Tuch und Wein aus anderen Ländern soll ganz verboten werden. Selbst Nahrungsmittel dürfen nur in Notzeiten eingeführt werden[18]. Eberlin folgt damit der verbreiteten Meinung seiner Zeit, daß die damaligen Teuerungen auf den Abfluß des Geldes in das Ausland und auf die Einfuhr unnützer Luxuswaren zurückzuführen sei[19].

---

13. Hellmuth Rössler, Europa im Zeitalter von Renaissance, Reformation und Gegenreformation 1450 - 1650, S. 215.

[13] Ratschlag des kleinen Ausschusses über die Monopolien mit Änderungen des großen Ausschusses, nebst den Begutachtungen des Ratschlags durch den großen Ausschuß und das Regiment, Nürnberg, 1522/23, in: RTA (JR), Bd. III, Nr. 104, S. 571.

[14] RTA (JR), Bd. III, S. 573.

[15] RTA (JR), Bd. III, S. 583, 595.

[16] Wahlverschreibung Karls V. für die Kurfürsten, in: RTA (JR), Bd. I, Nr. 387, S. 865, 872 (Art. 19).

[17] Der erst büdtsgnosz, in: Enders Neudrucke, Bd. I, S. 13. Der .XI. büdtgnoß, in: Enders Neudrucke, Bd. I, S. 124. Ebenso forderte bereits die Reformatio Sigismundi die Auflösung der bestehenden und das Verbot der Bildung neuer Handelsgesellschaften. Vgl. Heinrich Koller, RS, S. 274. Aufgegriffen wurde diese Forderung schließlich im Bauernkrieg. So verlangte Weigandt in seinem für das Bauernparlament in Heilbronn verfaßten Reichsreformentwurf, daß alle großen Handelsgesellschaften, wie die Fugger, Hofstetter und Welser, aufgelöst werden sollten und künftig keine Handelsgesellschaft mehr als 10 000 Gulden Kapital besitzen dürfe. Vgl. Günther Franz, Quellen zur Geschichte des Bauernkrieges, S. 374, 380 (Nr. 124).

[18] Der .XI. büdtgnoß, in: Enders Neudrucke, Bd. I, S. 125.

[19] Willy Andreas, Deutschland vor der Reformation, S. 338. Werner Hartz,

Anstoß erregte auch die Kirche als bedeutender Wirtschaftsfaktor. Als unangemessen wurde nicht nur das Privileg der Steuerfreiheit für den Klerus und das Kirchenvermögen angesehen. Ungerechtfertigt erschien auch der ausgangs des Mittelalters stark angewachsene Besitz der toten Hand[20]. Als lästig wurde vor allem der durch Steuerprivilegien bedingte Konkurrenzvorteil kirchlicher Einrichtungen, insbesondere der Klöster, bei ihrer wirtschaftlichen Betätigung empfunden[21].

Im Spätmittelalter mehren sich die Versuche, die überkommenen Privilegien einzuschränken und öffentliche Abgaben und Lasten auch den kirchlichen Einrichtungen und den Geistlichen aufzuerlegen. Gerade die Städte waren ausgangs des Mittelalters, begünstigt und bestärkt durch die Reformation, damit erfolgreich[22]. Eberlin knüpft an diese Bestrebungen an. Waren für die Städte schon lange vor der Reformation wirtschaftliche Interessen ihrer Bürger und eigene finanzielle Gründe maßgebend, ging es Eberlin und den anderen Reformatoren um konsequente Folgerungen aus ihrem Kirchenverständnis. Ausgehend von Luthers Lehre, daß zwischen Geistlichen und Laien kein prinzipieller, theologisch begründeter Unterschied bestehe, fordert Eberlin eine vollkommene Abschaffung aller Steuerprivilegien der Kirche[23].

Von erheblicher wirtschaftlicher und rechtlicher Bedeutung war ausgangs des Mittelalters die Frage der Kapitalverzinsung; und zwar sowohl dem Grunde als auch der Höhe nach. Die mittelalterliche Wucherlehre beruhte auf dem aus der Heiligen Schrift abgeleiteten kanonischen Zinsverbot und war von der Auffassung geprägt, daß Geld unfruchtbar sei, d. h. selbst keinen Ertrag abwerfen könne[24]. Verzinsliche Darlehen waren deshalb untersagt. Dieses Verbot wurde in den Reichsabschieden von Lindau 1497, Freiburg 1498 und auch noch von Augs-

---

Die Gesetzgebung des Reichs und der weltlichen Territorien in der Zeit von 1495 bis 1555, S. 12.

[20] Mich wundert das kein gelt ihm land ist, in: Enders Neudrucke, Bd. III, S. 176. Heinrich Koller, RS, S. 96, 98. Beschwerden der weltlichen Stände gegen den Stuhl zu Rom und die Geistlichkeit von 1523, in: RTA (JR), Bd. III, Nr. 110, S. 645, Grav. Nr. 20, S. 661. Wilhelm Stolze, Bauernkrieg und Reformation, in: SVRG, 44. Bd. (1926), Heft 2, S. 29, 30. Heinrich Werner, Landesherrliche Kirchenpolitik bis zur Reformation, in: DGBl., 9. Bd. (1908), S. 148.

[21] Entwurf der Beschwerden der deutschen Nation von 1521, in: RTA (JR), Bd. II, Nr. 96, S. 670, Grav. Nr. 70, S. 692. Rudolf Endres, Zünfte und Unterschichten als Elemente der Instabilität in den Städten, in: HZ, Beiheft 4 (1975), S. 165. Anton Störmann, Die städtischen Gravamina gegen den Klerus am Ausgange des Mittelalters und in der Reformationszeit, S. 161 ff.

[22] Anton Störmann, Die städtischen Gravamina gegen den Klerus am Ausgange des Mittelalters und in der Reformationszeit, S. 161 ff.

[23] Der .XII. büdtgnoß, in: Enders Neudrucke, Bd. I, S. 135: „Alle klo̊ster so̊llen für hin stewr, schatzung vnd zinß geben wie ander burger, kein privilegium soll do vor sind."

[24] Mitteis / Lieberich, Deutsches Privatrecht, S. 157.

burg 1500 ausdrücklich bestätigt[25]. Letztlich erzwangen jedoch die wirtschaftlichen Verhältnisse des Frühkapitalismus eine Änderung auch der rechtlichen Beurteilung, so daß schließlich in der Polizeiordnung von 1530, wenn auch nur mittelbar, eine Kapitalverzinsung von 5 v. H. als zulässig anerkannt wurde[26].

Bereits vorher hatten wirtschaftliche Erfordernisse der Kapitalanlage und Kreditbeschaffung zu Umgehungsgeschäften geführt, u. a. zu dem im Spätmittelalter weit verbreiteten Renten- oder Gültkauf, dem allerdings durchaus auch eine eigenständige Bedeutung zukam[27]. Die Rente wurde als Reallast, als dingliches Nutzungsrecht an einem Grundstück angesehen. Bestanden die wiederkehrenden Nutzungen in Geld, lag der Wucherverdacht nahe. Nachdem die Kirche den Rentenkauf bereits vorher geduldet und sich selbst an diesen Rechtsgeschäften beteiligt hatte, stellte Papst Martin V. 1425 in der Bulle „Regimini universalis" ausdrücklich die Zulässigkeit des ablösbaren Rentenkaufs fest[28]. Damit war der direkte Geldrentenkauf, ohne daß es einer gleichzeitigen Grundstücksübertragung und -rückübertragung bedurfte, vom kanonischen Wucherverbot ausgenommen. Reichsgesetzlich wurde er im Reichsabschied von Augsburg 1500 anerkannt[29]. Dennoch sind kritische Stimmen, die wucherische Mißbräuche anprangerten, nicht verstummt. Gerade die Kirche geriet im Hinblick auf ihr großes Vermögen zur Zeit der beginnenden Reformation in den Mittelpunkt der Kritik. Ihr wurde jede Art von Geldgeschäften, auch der Erwerb und Besitz von Grundrenten, als mit ihren eigentlichen kirchlichen Aufgaben nicht vereinbar, verübelt[30]. Eberlin will die bestehenden Gültberechtigungen der Kirche

---

[25] § 28 RA 1497, in: NSdRA, Bd. I, Teil 2, S. 32. § 51 RA 1498, in: NSdRA, Bd. I, Teil 2, S. 49. Art. 32 RA 1500 (Kammergerichts-Artikel), in: NSdRA, Bd. I, Teil 2, S. 81.

[26] NSdRA, Bd. I, Teil 2, S. 341, Art. 26, § 1. Werner Hartz, Die Gesetzgebung des Reichs und der weltlichen Territorien in der Zeit von 1495 bis 1555, S. 10, 11.

[27] Winfried Trusen, Zum Rentenkauf im Spätmittelalter, in: Festschrift Heimpel, Bd. II, S. 141, 142.

[28] Mitteis / Lieberich, Deutsches Privatrecht, S. 109.

[29] Art. 32 RA 1500 (Kammergerichts-Artikel), in: NSdRA, Bd. I, Teil 2, S. 81. Werner Hartz, Die Gesetzgebung des Reichs und der weltlichen Territorien in der Zeit von 1495 bis 1555, S. 10.

[30] Nachdem bereits im 15. Jhdt. der Verfasser der Reformatio Sigismundi und der Oberrheinische Revolutionär diese Geldgeschäfte angeprangert hatten, verstärkte sich der Druck auf die Kirche durch Luthers Auftreten. Vgl. dazu Annelore Franke u. Gerhard Zschäbitz, OR, cap. 26, S. 260, 261; cap. 30, S. 270, 271; stat. 5, S. 438, 439; stat. 11, S. 454. Heinrich Koller, RS, S. 164. Kleiner Sermon von dem Wucher, in: Luthers Werke (WA), Bd. VI, S. 5. Großer Sermon von dem Wucher, in: Luthers Werke (WA), Bd. VI, S. 50, 59. An den Christlichen Adel deutscher Nation von des Christlichen standes besserung, in: Luthers Werke (WA), Bd. VI, S. 466. Anton Störmann, Die städtischen Gravamina gegen den Klerus am Ausgange des Mittelalters und in der Reformationszeit, S. 66, 67.

zunächst nicht antasten, drängt schließlich aber doch auf eine Ablösung der vorhandenen Gültverpflichtungen und auf ein Verbot künftiger Rentenbestellungen[31].

Neben einzelnen herausragenden Mißbräuchen und Störungen der Wirtschaftsordnung, die Eberlin aufgreift, sind es viele Einzelaspekte aus dem täglichen Wirtschaftsleben des einfachen Volkes, die er von der Gemeinschaft geregelt wissen will. Gemeinsam ist den zum Teil zusammenhangslos nebeneinander aufgestellten Forderungen und Vorschlägen, daß sie eine Art Mindestprogramm für einheitliche Wirtschaftsverhältnisse im Reich darstellen sollen.

Als Grundlage der Volkswirtschaft sieht Eberlin neben der Landwirtschaft ein funktionstüchtiges Handwerk. Dem Handel steht er — aus der Sicht des gemeinen Mannes — eher kritisch gegenüber. Auch „unnützes" Handwerk soll, so sein Vorschlag, nicht geduldet werden. Weiter ist darauf zu achten, daß „nützliches" Handwerk nicht übersetzt wird, d. h. es soll nicht mehr Meister geben als Gesellen. Zur besseren Vergleichbarkeit ist in den Städten jedem Handwerkszweig eine besondere Straße zuzuweisen, in der die dazugehörenden Betriebe zusammengefaßt werden[32].

Dem sozialen Frieden dienen einige, mehr beispielhaft angeführte Vorschläge zur Regelung des Dienstrechts, die einerseits die Fürsorgepflicht des Dienstherrn betonen, ohne andererseits den Bediensteten in eine zu starke persönliche, patriarchalisch geprägte Abhängigkeit zu drücken. Der Dienstherr darf den Dienstverpflichteten nicht schlagen, er hat ihn zum Fälligkeitstermin in bar zu entlohnen und muß im Krankheitsfall zwei Monate lang für Unterhalt und Pflege aufkommen. Der Bedienstete darf nicht mutwillig, sondern nur „aus Unfrieden", d. h. verallgemeinert nur aus wichtigem Grund, kündigen[33].

Der Sozialbindung der Wirtschaftsordnung, und um einen Zentralbegriff aus Eberlins Reformverschlägen zu verwenden, dem gemeinen Nutzen dient auch die von ihm ansatzweise geforderte Preisfestsetzung für Nahrungsmittel, z. B. Brot und Wein[34].

---

[31] Der erst büdtsgnosz, in: Enders Neudrucke, Bd. I, S. 13: „Das man fürhin nit gült kouff vff ligenden gůtern, vnd das man alle gülte mo̊ge vff gůte zyl ablo̊sen." Der .VII. bundtgnoß, in: Enders Neudrucke, Bd. I, S. 75: „Ich wil nit absprechen den erkoufften gülten, so jetzundt yn besytz haben die tempel knecht." Der .XII. büdtgnoß, in: Enders Neudrucke, Bd. I, S. 135, 136.

[32] Der .XI. büdtgnoß, in: Enders Neudrucke, Bd. I, S. 126. Die Zusammenfassung der Betriebe bestimmter Handwerkszweige in einer Straße entsprach einer im Mittelalter verbreiteten Übung zur Förderung der Konkurrenz.

[33] Der .XI. büdtgnoß, a.a.O., S. 129.

[34] Der .XI. büdtgnoß, a.a.O., S. 125. Bereits die Reformatio Sigismundi hatte eine Preisfestsetzung für alle auf dem Markt angebotenen Waren gefordert; ebenso eine verbindliche Lohnregelung. Heinrich Koller, RS, S. 320.

Ein weiterer, für die Einheitlichkeit und die Förderung des Wirtschaftslebens im Reich bedeutsamer Vorschlag betrifft eine allgemein verbindliche Münzordnung. Im ganzen Reich sollen nur noch einheitliche Münzen gelten[35] Mit dieser Forderung knüpft Eberlin an Reformbestrebungen an, die nach zahlreichen Verhandlungen auf den Reichstagen seiner Zeit mit der Reichsmünzordnung von Eßlingen im Jahr 1524 zu ersten Ergebnissen führen[36].

### 7. Öffentliches Wohlfahrts- und Unterrichtswesen

Ebenso wie für Cusanus[1] ist für Eberlin der Staat nicht nur Rechtsgemeinschaft, sondern vor allem eine zur Wohlfahrt des einzelnen bestimmte Institution. Im Mittelpunkt der Schriften Eberlins steht der gemeine Mann, der einzelne in seiner sozialen Verbundenheit mit der Gemeinschaft. Mit seinen Vorschlägen zur Reformierung von Reich und Kirche hat er gleichsam die Rahmenbedingungen festgelegt, in die der einzelne hineingestellt ist. Dem entspricht der Ansatzpunkt aller Reformbestrebungen des 15. und 16. Jahrhunderts, daß eine dauerhafte Ordnung der Gemeinschaft in ihren beiden Organisationsformen, in Reich und Kirche, nicht möglich ist, solange beide in ihrer Spitze und in ihrem Aufbau notleidend sind. Reform an Haupt und Gliedern ist das Schlagwort. Bei allen rechtlichen und organisatorischen Aspekten seines Reformprogramms ist immer deutlich geworden, daß Eberlin die erforderliche Erneuerung aus der Sicht des einfachen Volkes betreibt. Reich und Kirche als Organisationsrahmen sind nicht Selbstzweck. Sie haben der Wohlfahrt des einzelnen zu dienen. Besonders deutlich wird dieses Reformverständnis in Eberlins Vorschlägen zur Sozialfürsorge, die alles umfaßt, was in heutiger Sicht die Daseinsvorsorge des modernen Staates gegenüber seinen Bürgern ausmacht. Dabei werden zwei Schwerpunkte sichtbar; zum einen die Armen- und Krankenfürsorge, zum anderen ein allgemeines und für alle gleich zugängliches Bildungs- und Ausbildungswesen. Beides will Eberlin dem Einfluß der Kirche entziehen und unter die Aufsicht des Staates stellen, d. h. genauer: dem örtlichen Aufgabenbereich der Gemeinden zuweisen[2].

---

[35] Der .XI. büdtgnoß, in: Enders Neudrucke, Bd. I, S. 128: „In allem rych soll sein einerley müntz, das ist ein schlag vnd einer werschafft."

[36] NSdRA, Bd. I, Teil 2, S. 261. Fritz Blaich, Die Wirtschaftspolitik des Reichstags im Heiligen Römischen Reich, S. 14 - 17. Werner Hartz, Die Gesetzgebung des Reichs und der weltlichen Territorien in der Zeit von 1495 bis 1555, S. 16 - 18.

[1] Andreas Posch, Die „Concordantia catholica" des Nikolaus v. Cusa, S. 173.

[2] Eberlins Vorschläge decken sich zum Teil mit der sich in den oberdeutschen Reichsstädten vollziehenden Entwicklung, die durch den Eingriff der Magistratsverwaltung in die ursprünglich kirchliche Armenpflege und das Schulwesen gekennzeichnet ist. Vgl. Ernst-Wilhelm Kohls, Evangelische Be-

Kein Mensch soll Not leiden oder gezwungen sein, betteln zu müssen. Müßiggang ist gegen Gott und „gute pollicey". Die Viertelmeister haben die Armen einer Gemeinde in einem Register festzuhalten und ihnen Arbeit zu geben oder zu vermitteln. Lehnen sie die angebotene Arbeit ab, sollen sie keine Almosen mehr erhalten und aus der Gemeinde ausgeschlossen werden. Fremde Bettler sind nicht aufzunehmen, aber vorübergehend mit dem Notdürftigen zu versehen[3]. Vogt und Gericht und alle Oberen sollen sich der Armen annehmen. Die in den Kirchen eingehenden Spenden für die Armen sind von den Gemeinden zu verwalten und durch Beiträge aus den Mitteln der Gemeinden, aus dem „gemeinen Säckel", zu ergänzen[4]. Ebenfalls aus öffentlichen Mitteln sind die erforderlichen Ärzte zu besolden, die die Bevölkerung ohne Bezahlung zu versorgen haben[5].

Auch die Schulen sind von den Gemeinden auf deren Kosten zu unterhalten. Die allgemeine Schulpflicht setzt Eberlin für Kinder im Alter von drei bis acht Jahren an. Danach sollen sie entweder ein Handwerk erlernen oder weiterstudieren können. Die Lehrinhalte sind weit gespannt. Sie reichen von Rechtskunde, Landrecht, Stadtrecht und kaiserlichem Recht, und Geschichte über Mathematik, Arznei-, Kräuter- und Sternenkunde bis hin zum „zimlichen sayten spil"[6].

Zur Finanzierung dieser öffentlichen Aufgaben will Eberlin das Kirchenvermögen heranziehen, das nach der teilweisen Auflösung der Klöster enteignet werden soll[7].

---

wegung und Kirchenordnung in oberdeutschen Reichsstädten, in: ZRG (KA), 84. Bd. (1967), S. 125, 126.

[3] Die ander getrew vermanung Johannis Eberlin vonn Gůntzburg, in: Enders Neudrucke, Bd. III, S. 26, 27. Parallelen ergeben sich zu Luthers Schrift „An den Christlichen Adel deutscher Nation von des Christlichen standes besserung", in: Luthers Werke (WA), Bd. VI, S. 450. In den ersten Jahren der Reformation kamen in vielen Städten Armenordnungen auf, die das Betteln generell untersagten, einheimischen Armen aber eine regelmäßige Unterstützung gewährten, während fremde Bettler mit einem geringen Zehrgeld versehen und ausgewiesen wurden. Vgl. dazu Bernd Moeller, Die Kirche in den evangelischen freien Städten Oberdeutschlands im Zeitalter der Reformation, in: ZGORh, 112. Bd. (1964), S. 153.

[4] Der .XI. bůdtgnoß, in: Enders Neudrucke, Bd. I, S. 125.

[5] Der .XI. bůdtgnoß, a.a.O., S. 130.

[6] Der .XI. bůdtgnoß, a.a.O., S. 130. Die ander getrew vermanung Johannis Eberlin vonn Gůntzburg, in: Enders Neudrucke, Bd. III, S. 28.

[7] Der .X. bůdtgnoß, in: Enders Neudrucke, Bd. I, S. 112. Die Entwicklung ist im Verlauf der Reformation diesen Weg gegangen. In den Kirchen wurden Opferstöcke für die städtischen Almosen aufgestellt, Klöster wurden aufgefordert, die für die bisherige kirchliche Wohlfahrtspflege vorgesehenen Mittel der Gemeinde für denselben Zweck zur Verfügung zu stellen und schließlich wurden vielfach die Vermögenswerte aufgelöster Klöster den städtischen Armenkassen übergeben. Vgl. dazu Bernd Moeller, Die Kirche in den evangelischen freien Städten Oberdeutschlands im Zeitalter der Reformation, in: ZGORh, 112. Bd. (1964), S. 154.

### 8. Die Durchführung der Reform

So sehr Eberlin einerseits mit seinem theoretischen Reformkonzept seiner Zeit vorausgreift, so sehr bleibt er andererseits in der Frage der praktischen Durchführung den Verhältnissen seiner Zeit verhaftet. Die Idee eines Reichsaufbaus auf der Grundlage des allgemeinen Wahlrechts war von revolutionärer Konsequenz. Und revolutionär hätten auch die Mittel sein müssen, um sie zu verwirklichen. Eine gewaltsame Umgestaltung der bestehenden Macht- und Herrschaftsverhältnisse aber hat Eberlin nie propagiert, offensichtlich nicht einmal erwogen. In seinen Schriften findet sich nicht der geringste Hinweis, der gemeine Mann dürfe oder solle das ihm zugedachte Wahlrecht auch tatsächlich geltend machen. Es ist daher nicht verwunderlich, daß es keine Anhaltspunkte gibt, die auf eine Verbindung Eberlins mit den Aufständischen im Bauernkrieg hindeuten könnten.

Reformen durchzuführen ist nach Eberlins Auffassung ausschließlich Sache der „ordentlich oberkait"[1]. Obrigkeit in diesem Sinn ist der gesamte überkommene spätmittelalterliche Herrschaftsaufbau, den der gemeine Mann zu tragen und zu ertragen hat. Der einzelne Amtsinhaber mag unfähig sein oder unrechtmäßig handeln, die Herrschaftsausübung als solche durch die vorgegebene Obrigkeit entspricht der göttlichen Ordnung und bezieht von daher ihre letzte Legitimation[2]. Danach können Reformen, mögen sie noch so notwendig und wünschenswert sein, nur von oben gewährt, nicht von unten erzwungen werden[3].

Eberlin folgt mit dieser Auffassung vollkommen der Lehre Luthers, auf die er sich ausdrücklich beruft[4]. So sehr auch Eberlins theoretisches Konzept eines Reichsaufbaus auf der Grundlage des allgemeinen Wahlrechts die Idee der Volkssouveränität beinhaltet, praktische Folgerungen im Sinn eines Widerstandsrechts gegen die Obrigkeit hat er daraus nicht gezogen. Wie Luther sieht er die Grenzen der Gehorsamspflicht für den Christen als Staatsbürger dort, wo das Gebot Gottes entgegen-

[1] Eyn new vnd das letzt außschreyben der xv. bundtgenossen, in: Enders Neudrucke, Bd. I, S. 198.

[2] In seiner Schrift „Mich wundert das kein gelt ihm land ist", in: Enders Neudrucke, Bd. III, S. 158, läßt Eberlin einen der Landfahrer sagen: „Eberlin leret vnns, ob got ein Tůrcken vber vns setzte, dennoch sol man ihm nit vbels reden noch thon. Mein lebtag hab ich nye souil vom gehorsam hŏren predigen, als Eberlin gepredigt hat."

[3] Eyn new vnd das letzt außschreyben der xv. bundtgenossen, in: Enders Neudrucke, Bd. I, S. 185: „Ain Furst oder ain gmain hat gwalt ain sollichen myßbruch abstellen, wil es nit zu gon durch ain ŏberkait oder gmain, sol man dem wasser sein fluß lenger lassen vnd kain sonder vnfried anfahen."

[4] Ein getrewe warnung an die Christen, in der Burgawischen marck, in: Enders Neudrucke, Bd. III, S. 278: „Wie sich aber ain Christen halten sol im ordentlichen regiment, der lese D. Mart. Luthers buchlein dauon."

steht[5]. Ein göttliches, überpositives Recht auf aktiven Widerstand leitet er daraus nicht ab. Weltliche Sanktionen auf ein solches gerechtfertigtes passives Verweigern hat der Christ duldend zu erleiden[6]. Keiner dürfe so kühn sein und dazu aufrufen, sich gegen gottlose Herren zu erheben. Dadurch werde nur das einfache Volk verführt. Gott werde es nicht dulden, daß sich der gemeine Mann unter dem Schein des Evangeliums wider die Obrigkeit rotte[7]. Das gilt nach Eberlins Auffassung erst recht, wenn es sich nicht um Glaubensdinge, sondern um zwar ungerechte und drückende Lasten, aber doch von der jeweils bestehenden Obrigkeit auferlegte Pflichten handelt[8]. Diese Haltung ist durchaus nicht selbstverständlich, wenn man sie mit Eberlins Werdegang vergleicht und an seinen mitunter in einem recht heftigen und kämpferischen Ton gehaltenen Schriften mißt, die der „Getreuen Warnung an die Christen in der Burgauischen Mark" vorangegangen sind. Erklären läßt sich sein auf Ausgleich bedachtes Verhalten zum einen aus der zeitlichen Nähe seiner letzten Flugschrift am Jahreswechsel 1525/26 zu dem noch nicht weit zurückliegenden Bauernkrieg. Zum anderen ist Luthers Einfluß unverkennbar. Luther aber wollte die Reformation als rein religiöses Vorhaben in keiner Weise an weltliche Reform- oder gar Revolutionsversuche binden, wie sein Verhalten auf dem Wormser Reichstag von 1521 und seine Stellungnahmen im Bauernkrieg verdeutlichen. Die Sonderfrage, ob den im Schmalkaldischen Bund zusammengeschlossenen Fürsten zur Verteidigung der Reformation gegenüber ihrem Oberhaupt im Reich, Kaiser Karl V., ein Widerstandsrecht zukommt, hat sich erst später gestellt. Luther hat sie unter dem Druck der machtpolitischen Verhältnisse um 1530 widerstrebend bejaht[9]. Von Eberlin ist eine Äußerung dazu nicht bekannt.

---

[5] Ein getrewe warnung an die Christen, in der Burgawischen marck, in: Enders Neudrucke, Bd. III, S. 276. Zu Luthers Haltung zum Widerstandsrecht vgl. Johannes Heckel, Lex charitatis, S. 167, 168. Gunnar Hillerdal, Der Mensch unter Gottes Regiment. Der Untertan und das Recht, in: WdF, 85. Bd. (1972), S. 23 - 26.

[6] Ein getrewe warnung an die Christen, in der Burgawischen marck, in: Enders Neudrucke, Bd. III, S. 279: „Man sol auch kain auffrur machen, darumb das man Evangelische prediger fahet vnd tődtet."

[7] Ein getrewe warnung an die Christen, in der Burgawischen marck, in: Enders Neudrucke, Bd. III, S. 278, 282. Eyn Sermō zu den Christen yn Erffurd, in: Enders Neudrucke, Bd. III, S. 249.

[8] Wie sich eyn diener Gottes wortts ynn all seynem thun halten soll, in: Enders Neudrucke, Bd. III, S. 227, 228: „Denn aber laden wyr vns hyndernis vnd verfolgung auff den hals, wenn wyr anfahen, one schrifft vnd one vernunfft, zu můrmeln widdergemeyne gebreuche vnd gewonheytten, daran alleyn leytt beschwerung des seckels, des gellts, des leybs vnd der ehre, doch ane schaden der seele."

[9] Kurt D. Schmidt, Luthers Staatsauffassung, in: WdF, 85. Bd. (1972), S. 186 - 188. Ernst Weymar, Martin Luther: Obrigkeit, Gehorsam und Widerstand, in: WdF, 85. Bd. (1972), S. 320 - 324.

Mit der Verwirklichung seiner Reformideen bleibt Eberlin in dem von ihm gezogenen Rahmen der Gewaltlosigkeit und des nahezu absoluten Untertanengehorsams. Er wendet sich deshalb mit seinen Reformforderungen an die Repräsentanten der bestehenden Ordnung, an den Kaiser, die Fürsten, an den Adel insgesamt, zunehmend auch an die „städtischen Ehrbarkeiten", an Bürgermeister und Ratsgremien. Damit werden die Grenzen deutlich, in denen Veränderungen überhaupt denkbar sind. Das Konzept einer neuen Reichsverfassung auf der Grundlage eines allgemeinen und gleichen aktiven Wahlrechts bleibt somit bereits nach Eberlins eigener Einschätzung vorerst eine Utopie.

Was möglich erscheint, ist neben der Abschaffung einzelner Mißstände im weltlichen Bereich eine grundlegende Reformierung der Kirche. Die Autoritäten, von denen sich Eberlin Abhilfe erhofft, sind zunächst Papst und Kaiser. Wären sie recht unterrichtet, so Eberlin, würden sie die „frommen Doktoren", gemeint sind Erasmus, Luther, Karlstadt und Melanchthon, beschützen und beschirmen[10]. In der Frage der Kirchenreform verläßt sich Eberlin allerdings nicht auf deren Repräsentanten. Da er erkennen muß, daß von der überkommenen Kirchenhierarchie, vom Papst und den Bischöfen, keine Hilfe zu erwarten ist, erscheint ihm eine Reform auch gegen sie erforderlich und zulässig[11]. Wollen sich die Geistlichen nicht selbst reformieren, ist es notwendig, daß es die Laien tun, „wie Kaiser Sigmund im Konzil zu Konstanz sagte"[12]. Eberlin knüpft hier an die mittelalterliche Anschauung an, wonach der Kaiser nicht nur weltlicher Herrscher des Reichs ist, sondern als Vogt der Kirche auch Verantwortung für diese Kirche trägt.

---

[10] Der .XIII. bundtsgnoß, in: Enders Neudrucke, Bd. I, S. 148.

[11] Der .V. bundtsgnoß, in: Enders Neudrucke, Bd. I, S. 50.

[12] Eyn new vnd das letzt außschreyben der xv. bundtgenossen, in: Enders Neudrucke, Bd. I, S. 185, 186.

## C. Gesamtwürdigung der Person und des Werks Eberlins

Bereits Ahrens[1] hat in seiner 1939 veröffentlichten Dissertation anhand der bis dahin erschienenen Eberlinliteratur die Entwicklung nachgezeichnet, welche die Wertung Eberlins in seiner Person und seinem Werk erfahren hat. Die Einzelaspekte, die von der Beurteilung Eberlins als friedliebenden Christen und sanften Prediger über den derben Volksmann bis hin zum Spott- und Schmähschriftsteller und radikalen Pfaffenfeind reichen, mögen, jeweils für sich betrachtet, wenigstens teilweise zutreffend sein. Für alle diese Aussagen lassen sich auch Belegstellen aus seinen Schriften zitieren. Während er einerseits als Demokrat und fortschrittlicher Vertreter des christlichen Sozialismus angesehen wurde, galt er anderen als reaktionär. Diese Einzelwertungen beleuchten jedoch mehr die eigene Position des jeweiligen Beurteilers als das Objekt der Wertung. Der historischen Gestalt und der Persönlichkeit Eberlins mit ihren Ecken und Kanten werden solche pointierten Einzelaussagen nicht gerecht. Schon für seine Zeitgenossen muß er schwer einzuordnen gewesen sein. Einerseits wird er als abtrünniger Mönch verfolgt, andererseits verdächtigt man ihn, insgeheim noch den „Altgläubigen" anzuhängen[2]. Gegen den Vorwurf, ein „Heuchler der Herren" zu sein, muß er sich ebenso zur Wehr setzen wie gegen den Verdacht, Aufruhr gegen die Obrigkeit zu unterstützen[3].

Jede Wertung muß davon ausgehen, daß Eberlin erst als etwa Sechzigjähriger, als geprägte Persönlichkeit in Erscheinung tritt. Abgesehen von seiner wissenschaftlichen Bildung, die er an den Universitäten Ingolstadt, Basel und Freiburg erfahren hat, und seiner Zugehörigkeit zum Franziskanerorden, liegen die Kräfte und Lebensumstände, die bis dahin auf ihn eingewirkt und ihn geformt haben, nach wie vor im dunkeln. Der uns bekannte Eberlin beginnt mit einer persönlichen Katastrophe, die ihn zu einem sehr späten Zeitpunkt aus seinem bisherigen Leben hinausgeworfen hat. Es spricht vieles dafür, daß dieser Bruch von außen aufgedrängt, von Eberlin selbst nicht gewollt war. Er wurde gegen seinen Willen und trotz der Unterstützung durch den Ulmer Rat

[1] Hans-Herbert Ahrens, Die religiösen, nationalen und sozialen Gedanken Johann Eberlin von Günzburgs, S. 5 - 12.

[2] Zu den Vorgängen im einzelnen vgl. oben S. 19, 27, 28, 42.

[3] Ein getrewe warnung an die Christen, in der Burgawischen marck, in: Enders Neudrucke, Bd. III, S. 259.

von seinem Orden vertrieben[4]. Das äußere Zeichen seiner Ordenszugehörigkeit, die Mönchskutte, hat er nach seiner eigenen Darstellung erst viel später abgelegt[5]. Der Schlüssel für diese persönliche Krise, in die er durch die Vertreibung aus seiner bisherigen Gemeinschaft gestürzt wurde, ist in Eberlin selbst zu suchen. Reformforderungen wurden nicht nur von außen an die Kirche herangetragen. Viele ihrer reformwilligen Anhänger, Geistliche wie Laien, wurden trotz heftiger Kritik an den kirchlichen Mißständen und trotz Sympathie für Luthers Lehre von der alten Kirche integriert oder haben sich zumindest nicht hinausdrängen lassen.

Die Auseinandersetzung mit seinen Ulmer Klosterbrüdern deckt einen Wesenszug Eberlins auf, der auch noch bei anderen Gelegenheiten in Erscheinung tritt. Eberlin ist nicht der Mann, der seine Ansichten und Überzeugung verbergen kann. Der Schritt von der Erkenntnis zum vollen persönlichen Einsatz, von der Ratio bis zum impulsiven Gefühl ist klein und schnell getan. Diplomatische Distanz ist nicht seine Sache, wenn er selbst betroffen ist. Und seine Bereitschaft, sich zu engagieren, ist groß. Die Kehrseite dieser Charaktereigenschaft sind wiederholte persönliche Schwierigkeiten mit seiner Umgebung, seine Strenge und Härte gegen sich und andere. Mangelnde Verbindlichkeit im Verhalten, vielleicht eine gewisse Unbeweglichkeit bei der Durchsetzung seiner Überzeugung, trägt ihm über die Gegnerschaft in der Sache vielfach persönliche Feindschaft ein. So muß er bereits 1519 Tübingen wegen Streitigkeiten mit Theologen der dortigen Universität verlassen. Später, nach seinem Weggang von Ulm, unterstützt er in Wittenberg zunächst die radikalen Reformationsbestrebungen Karlstadts, bis Luther selbst die dadurch entstandenen Unruhen dämpft. Hier ist es wohl Luthers Beispiel und Einfluß zuzuschreiben, daß Eberlins Eintreten für die Reformation in ruhigere Bahnen gelenkt wird. Nach seinem vorübergehenden Aufenthalt in Wittenberg beginnt er zwar in Erfurt mit größerem Geschick eine fruchtbare Tätigkeit als Prediger, die dem Ausgleich der streitenden Religionsparteien gewidmet ist. Doch seine entschiedene Weigerung, seine reformatorische Arbeit für politische Ziele einspannen zu lassen, trägt ihm schließlich ein Predigtverbot „um Lästerungen willen" ein. Auch sein erfolgreiches Wirken als Reformator in Wertheim ist überschattet von Spannungen mit dem Rat und der Bürgerschaft der Stadt. Hier wie zum Schluß auch in seiner letzten Station,

[4] Ain kurtzer gschrifftlicher bericht, in: Enders Neudrucke, Bd. II, S. 173. Die ander getrew vermanung Johannis Eberlin vonn Gůntzburg, in: Enders Neudrucke, Bd. III, S. 2, 39.

[5] Wider den vnfürsichtigen vnbeschayden außgang viler der Klosterleüt, in: Enders Neudrucke, Bd. II, S. 131. Eyn freundtlichs zuschreyben an alle stendt teutscher nation, in: Enders Neudrucke, Bd. III, S. 128.

in Leutershausen, wird Klage geführt über eine zu harte Amtsführung und eine zu strenge Kirchenzucht.

Vor dem Hintergrund seiner Lebensumstände in einem nur kurzen bekannten Abschnitt rundet sich das Bild, das Eberlin als historische Persönlichkeit zeigt. In seiner entschiedenen, kantigen Art, mit tatkräftigem persönlichem Einsatz und durch sein umfangreiches literarisches Werk hat er die Reformation nachhaltig unterstützt und vorangetrieben. Er hat die Mißstände und Nöte seiner Zeit in ihren religiösen, wirtschaftlichen und politischen Aspekten erfaßt und versucht, eine ganzheitliche Antwort darauf zu finden. Entsprechend weitgespannt ist die Thematik seiner Schriften. Über das Tagesgeschehen hinaus — und das erscheint als seine bedeutendste wissenschaftliche Leistung — hat er das in sich geschlossene Konzept einer Reichsverfassung skizziert; im Bewußtsein, daß die Zeit dafür noch nicht gekommen war. Zu vielen anderen in seiner Person liegenden Gegensätzen mag abschließend diese Wertung hinzukommen: Johann Eberlin von Günzburg war Utopist und Realist zugleich.

# D. Anhang: Zusammenstellung der Schriften Eberlins

## I. Flugschriften in der Fassung des Neudrucks von Ludwig Enders

1. *Die Fünfzehn Bundesgenossen:*

Der erst būdtsgnosz.

Ein klågliche klag an dē christlichē Rōmischen kayser Carolum, vō wegē Doctor Luthers vnd Vlrich von Hutten. Auch von wegen der Curtisanē vnd båttel münch. Das Kayserlich Maiestat sich nit laß sollich leüt verfůren.

Der ander bundtsgnosz.

Vom fasten der .xl. tag vor Osteren vnd andern, wie do mit so jåmerlich wirt beschwårt das Christenlich volck.

Der .III. būdtgnoß.

Ein vermanung aller christē das sie sich erbarmē vber die klosterfrawē. Thů kein Tochter in ein kloster, du låssest dañ diß bůchlein vor.

Der .IIII. būdtgnoß.

Von dem langē verdrüssigen geschrey, das die geistlichē Münch, Pfaffen vnd Nunnen die syben tag zeit heissen.

Der .V. bundtsgnoß.

Ein vermanung zu aller oberkeit Teütscher Nation, das sy den Predigstůl oder Cantzel reformieren.

Der .VI. bundtsgnoß.

Erasmus von rotherodam ein fürst aller gelerten zů vnseren zytē, schreibt jm̄ bůch genāt Encomion morias, vom predigen der båttel münch.

Der .VII. bundtgnoß.

Dz lob der pfarrer. Von dē vnützē kosten der gelegt wirt vō dē gemeinē vnuerstēdige volck vff måß låsen, volgungen, begrebnüß, sybend, drysigst, jartag. Vñ vom lob der Pfarrer vnd irer nōtigen Caplon.

Der .VIII. bundts gnoß.

Warūb man herr Erasmus von Roterodam in Teütsche sprach transferiert. Warumb doctor Luther vnd herr Vlrich von Hutten teütsch schriben.

Wie nutz vnd not es sy das sollich ding dē gemeinen man für kom.

Der .IX. būdtgnoß.

An alle christenliche oberkeit jn wåltlichem vnd geystlichem stand Teütscher nation, ein klåglich ernstlich klag aller gotsfōrchtigē Münch Nunnen vnd pfaffen, dz man inen zů hilff kum̄ do mit sy vō irē endtchristischen by wonerē erlōst werden.

Der .X. budtgnoß.

New statutē die Psitacus gebracht hat uß dem lād Wolfaria welche betråffendt reformierung geystlichen stand.

Der .XI. būdtgnoß.

Eine newe ordnūg weltlich stādts das Psitacus anzeigt hat in Wolfaria beschriben.

Der .XII. būdtgnoß.

Ein früntliche antwort aller gotzfőrchtigen, erberen, verstēdige in Teütschem land vff die jåmerliche klag der ordens leüt an sie gethon.

Der .XIII. bundtsgnoß.

Ein zuversichtig ermanung an die redlichen, erberen starcken vnd christlichen herren obern vnd vnderthon gemainer Eydgnoschafft (genant Schwitzer) das sy trewlich helffen handthaben Ewangelische leer vnd frumme christen.

Der .XIIII. bundtgnoß.

Herr erasmus vō Rotherodam im bůch Encomion Morias, zaigt an dē spőtlichen dienst so wir jetz bewysen den hailigen.

Der .XV. bundtgnoß.

Allē vnd ietlichē christgelőübigē menschen ein heylsame warnūg das sy sich hůten vor nüwen schedlichen leren.

2. Eyn new vnd das letzt außschreyben der xv. bundtgenossen.

3. Wider die schender der Creaturen gottes, durch Weyhē, oder segnen, des Saltzs, Wasser, Palmen, kraut, wachß, fewr, ayer, Fladen: nit zůuerachten der Creatur, allain meldung d'gotslesterlichē betrůglichen falsch glaubigen yrrsalen.

4. wie gar gfarlich sey. So ein Priester kein Eeweyb hat. wye vnchristlich vnd schedlich eym gemeynen nutz Die menschen seynd. Welche hyndern die Pfaffen a, Eelichen stand.

5. Vō mißbrauch Christlicher freyheyt.

6. Syben frum̄ aber trostloß pfaffen klagen ire not, einer dem anderen, vnd ist niemant der sye trőste, Gott erbarme ich jre.

7. Der frummen pfaffen trost. Ein getrewer glaubhaffter vnderricht vnnd antwort vff der syben pfaffen klage, Newlich durch die Fünfftzehē Bundsgnossen beschriben, vff die hye vertzeychneten artickel.

8. Ein schone vnd clegliche history brůder Jacobs probst Augustiner ordens vor zeiten Prior zů Antdorff, an gemeine fromme Christenheit, von beiden gefencknissen, so er von wegen des worts gottes, vnd vmb des heyligen Euangeliumß willen erlitten hatt.

9. Wider den vnfürsichtigen vnbeschayden außgang viler der Klosterleüt auß jren klőstern, dariñ sie villeicht wol on gottes schmahe håtten mügen wonen.

10. Ain fraintlich trostliche vormanung an alle frummen Christen, zů Augspurg Am Leech, Dariñ auch angezaygt würt, wazů der Doc. Martini Luther von Gott gesandt sey.

11. Ein büchlin dar in auff drey fragen geantwurt wirt.

j warumb das Euangelion so ein kleinen fürgang hab.

ij warũb so vil vnruw vnd leyden durch das Euangelion erweckt wirt.

iij Ob man warten sol: solcher neüwer leren (als man sie nennet) antzů-nemen, biß das sie bewert werden, durch ein Concilium oder durch ein Reychstag.

12. Ain kurtzer gschrifftlicher bericht etlicher puncten halb Christlichs glauben, zůgeschickt der hailgñ samlũg außerwelten Cristen zů Vlm in schwaben dadurch sy gemanedt werden nit abston vom Euangelj, etlicher entpǒrung halb vnd eynträg so in vergangen Suſ̃er der teüfel zůgericht hat, dauon auß vrsach nitt deütlich hye gesagt wird.

13. Die ander getrew vermanung Johannis Eberlin vonn Gůntzburg, an den Rath der lobliche stadt Vlm, war zunhemẽ yn was vnsåglichen schaden sie gefůrt seint von den weltverfůrern, den Můnchen, vnd wie mã solchem vbel entrynnen mǒge, wilche auch and'n stedten seer nůtzlich seyn kan.

14. Wider die falschscheynende gaystlichen vnder dem Christlichn hauffen, genannt Barfůsser oder Frãciscaner ordẽ Sonderlich vom titel Reformacio oder Obseruacio. Item wie souil adelicher leibe vnd seelen in Sannt Clara orden erbarm̃lich verderben.

15. Ein kostliche predig von zweyerley reich, von des Teüfels reich, vñ Christi reich von der gǒttlichen fürsehung durch Joannem Eberlin võ Gintzburg gethon zů Rottenburg an dem Necker, in Andreas Wendelsteins hauß ob eim nachtmal dabei etlich gůt Christen versamlet gewesen seind.

16. Ein schoner spiegel eins Christlichen lebens, gemacht durch Johañ Eberlin von Gintzburg, zů lob vnd eer eim ersamen Rhat vnnd gemeyn einer loblichẽ statt Reinfelden, allen Christglåubigen nützlich zů wissen.

17. Der Clocker thurn bin ich genant.

18. j Eyn freundtlichs zuschreyben an alle stendt teutscher nation, daryn sie vermanet werden, nit widerstandt zuthun den geystlichen so auß klostern oder pfaffenstandt gehen wǒllen.

ij Das die außgenger sich selbs wol beweren vor hin, das sie aus guttem vertrawen zu got vnd fursichtigklich das handlen.

iij Das sie sich ehrsamlich vnd besserlich halten ym newen angenumen standt.

iiij Werden auch hierynn vermanet alle zu welchen gemelte arme frembde personen komend, das sie wollen freuntlich mit yhnen handlen, das sie nit durch hartte handlung zu eynem rewkauff vñ widerkerung ynn Egypten verursacht werden.

19. Mich wundert das kein gelt ihm land ist. Ein schimplich doch vnschedlich gesprech dreyer Landtfarer, vber yetz gemelten tyttel.

20. Wie sich eyn diener Gottes wortts ynn alle seynem thun halten soll, vnd sonderlich gegen denen, wilchen das Euangelion zuuor nicht geprediget ist, das sie sich nicht ergern.

21. Eyn Sermõ zu den Christen yn Erffurd, gepredigt auff den Sõtag der Creutzwochen, ynn wilcher alle Christen Brüderlich vermanet werden, zuschreyen vmb hilff vñ schirm wid'so grosse vbel, so vns ains thails gegenwertig, ains tails gewißlich vorstendig In wilchen nicht dann eyn Christlich gebet helffen mag.
22. Ein getrewe warnung an die Christen, in der Burgawischen marck, sich auch fůrohin zů hůten vor aufrur, vnnd vor falschen predigernn.

## II. Sonstige Schriften und Schreiben Eberlins

1. Ein zamengelesen buchlin von der Teutschen Nation gelegenheit, Sitten vnd gebrauche, Durch Cornelium Tacitum vnd etliche andere verzeichnet. 1526

   StA Wertheim, Abt. G, Eberlin-Manuskripte; abgedruckt von Max Radlkofer, in: BBG, 23. Bd. (1887), S. 1 - 16.
2. Ein furschlag, wie ain guthertziger verstandiger herr oder vatter seinen Sun solle zur schule dem Maister befelhen. 1527

   StA Wertheim, Abt. G, Eberlin-Manuskripte; auszugsweise abgedruckt in: Max Radlkofer, Johann Eberlin von Günzburg und sein Vetter Hans Jakob Wehe von Leipheim, S. 546 - 559.
3. Von Underweysung der Kinder.
   StA Wertheim, Abt. G, Bestand 57, Schulsachen 34; abgedruckt von Otto Langguth, in: ARG, 31. Bd. (1934), S. 237 - 239.
4. Leichenpredigt Eberlins zum Tode des am 17. 4. 1530 verstorbenen Grafen Georg II. von Wertheim nach einer zeitgenössischen Niederschrift, allerdings nicht von Eberlins Hand.

   StA Wertheim, Abt. S, Braunbuch, S. 425 - 446; abgedruckt von Alexander Kaufmann, in: AHV Unterfr. u. Aschaffbg., 20. Bd. (1870), S. 4 - 27.
5. Schreiben vom 11. 9. 1525 an den Bürgermeister von Rothenburg, Conrad Eberhart, und dessen Ratschreiber Thomas Zweifel zur Bewerbung um eine Rothenburger Pfarrstelle.

   Bayerisches StA Nürnberg, Akten der Reichsstadt Rothenburg, Nr. 2082, Bd. I, Bl. 191; abgedruckt von Theodor Kolde, in: BbKG, 1. Bd. (1894), S. 269.
6. Fünf undatierte Schreiben an den Grafen Georg II. von Wertheim im Zusammenhang mit Eberlins dienstlicher Tätigkeit (1525 - 1530).

   StA Wertheim, Abt. G, Bestand 52, Nr. 34; abgedruckt von Otto Langguth, in: ARG, 31. Bd. (1934), S. 233 - 237.
7. Schreiben vom 6. 5. 1530 an Graf Michael II. von Wertheim, mit dem Eberlin auf seine Entlassung antwortet.

   StA Wertheim, Abt. G, Nachträge Korrespondenz Michael II., Nr. 145; abgedruckt von Otto Langguth, in: ARG, 33. Bd. (1936), S. 257, 258.
8. Zehn Schreiben an Markgraf Georg von Brandenburg-Ansbach-Kulmbach und die markgräfliche Regierung im Zusammenhang mit Eberlins Tätigkeit in Leutershausen (1530 - 1533).

   Landeskirchliches Archiv Nürnberg, Akten der Pfarrei Leutershausen, Bd. I, Nr. 518.

# Quellen- und Literaturverzeichnis

## I. Eberlin-Literatur


*Ahrens,* Hans-Herbert: Die religiösen, nationalen und sozialen Gedanken Johann Eberlin von Günzburgs mit besonderer Berücksichtigung seiner anonymen Flugschriften. Phil. Diss. Hamburg 1939.

*Baur,* August: Rezension der Herausgabe von Eberlins Schriften (Bd. I) durch Ludwig Enders, in: GgA, 159. Bd. (1897), S. 1 - 7.

*Bell,* Susan G.: Johan Eberlin von Günzburg's Wolfaria. The first Protestant utopia, in: ChH, 36. Bd. (1967), S. 122 - 139.

*Enders,* Ludwig: Johann Eberlin von Günzburg. Sämtliche Schriften, in: Neudrucke deutscher Litteraturwerke des XVI. und XVII. Jahrhunderts, Nr. XI, XV und XVIII, Reihe: Flugschriften aus der Reformationszeit, Nr. 139 - 141, 170 - 172, 183 - 188. Bd. I — Halle 1896. Bd. II — Halle 1900. Bd. III — Halle 1902.

*Götze,* Alfred: Ein Sendbrief Eberlins von Günzburg, in: ZdPh, 36. Bd. (1904), S. 145 - 154.

*Kaufmann,* Alexander: Nachgelassene Schriften des Reformators Johann Eberlin von Günzburg, Reihe: Kleine Beiträge zur Geschichts- und Sagenforschung im Frankenlande, in: AHV Unterfr. u. Aschaffbg., 20. Bd. (1870), S. 1 - 29.

*Kolde,* Theodor: Zur Geschichte Eberlins von Günzburg, in: BbKG, 1. Bd. (1894), S. 265 - 269.

— Johann Eberlin von Günzburg, in: Realencyplopädie für protestantische Theologie und Kirche, Bd. V, S. 122 - 125. Leipzig 1898.

*Langguth,* Otto: Eberlin von Günzburg. Kleine Beiträge aus dem Wertheimer Archiv, in: ARG, 31. Bd. (1934), S. 228 - 239; 33. Bd. (1936), S. 256 - 258.

*Lucke,* Wilhelm: Die Entstehung der „15 Bundesgenossen" des Johann Eberlin von Günzburg. Phil. Diss. Halle 1902.

*Radlkofer,* Max: Johann Eberlin von Günzburg und sein Vetter Hans Jakob Wehe von Leipheim. Zugleich mit einem Überblick über die Bauernbewegung in Oberschwaben im Februar und März 1525 bis zum Ausbruch des Krieges und einer Geschichte des Leipheimer Haufens. Nördlingen 1887.

— Die älteste Verdeutschung der Germania des Tacitus durch Johann Eberlin, in: BBG, 23. Bd. (1887), S. 1 - 16.

*Reinkens,* J. H.: Rezension des Buches von Bernhard Riggenbach „Johann Eberlin von Günzburg und sein Reformprogramm", in: TLbl., 11. Bd. (1876), Nr. 3 Spalte 49 - 52.

*Riggenbach,* Bernhard: Johann Eberlin von Günzburg und sein Reformprogramm. Ein Beitrag zur Geschichte des sechzehnten Jahrhunderts. Nachdruck der Ausgabe Tübingen 1874. Nieuwkoop 1967.

*Schmidt,* Johann H.: „Die 15 Bundesgenossen" des Johann Eberlin von Günzburg. Phil. Diss. Leipzig 1900.

*Schnizlein,* August: Zu Johann Eberlins Berufung nach Rothenburg, in: BbKG, 22. Bd. (1916), S. 88 - 90.

*Schornbaum,* Karl: Leutershausen bei Beginn der Reformationszeit und das Ende Eberlins von Günzburg, in: BbKG, 11. Bd. (1905), S. 5 - 34, 78 - 92.

*Schum,* Wilhelm: Rezension des Buches von Bernhard Riggenbach „Johann Eberlin von Günzburg und sein Reformprogramm", in: GgA, 137. Bd. (1875), S. 801 - 826.

*Stöckl,* Kurt: Untersuchungen zu Johann Eberlin von Günzburg. Phil. Diss. München 1952.

*Weidhase,* Helmut: Kunst und Sprache im Spiegel der reformatorischen und humanistischen Schriften Johann Eberlins von Günzburg. Phil. Diss. Tübingen 1967.

*Werner,* Julius: Johann Eberlin von Günzburg. Heidelberg 1905.

*Wolf,* Ernst: Johann Eberlin von Günzburg, in: Neue Deutsche Biographie, Bd. IV, S. 247 - 248. Berlin (West) 1971.

*Wulkau,* Curt: Das kirchliche Ideal des Johann Eberlin von Günzburg. Phil. Diss. Halle - Wittenberg 1920.

## II. Gedruckte Quellen

*Brieger,* Theodor: Aleander und Luther 1521. Die vervollständigten Aleanderdepeschen nebst Untersuchungen über den Wormser Reichstag = Quellen und Forschungen zur Geschichte der Reformation, Bd. I. Gotha 1884.

*Eckhardt,* Karl A.: Sachsenspiegel. Quedlinburger Handschrift. Hannover 1966.

*Enders,* Ernst L.: Dr. Martin Luther's Briefwechsel. 18 Bde. Calw und Stuttgart 1884 - 1923.

*Förstemann,* Karl E.: Urkundenbuch zu der Geschichte des Reichstages zu Augsburg im Jahre 1530. 2 Bde. Neudruck der Ausgabe 1833 und 1835. Osnabrück 1966.

*Franke,* Annelore / *Zschäbitz,* Gerhard: Das Buch der hundert Kapitel und der vierzig Statuten des sogenannten Oberrheinischen Revolutionärs. Edition und textliche Bearbeitung von Annelore Franke. Historische Analyse von Gerhard Zschäbitz = Leipziger Übersetzungen und Abhandlungen zum Mittelalter, Reihe A, Bd. 4. Berlin (Ost) 1967.

*Franz,* Günther: Quellen zur Geschichte des Bauernkrieges = Ausgewählte Quellen zur deutschen Geschichte der Neuzeit, Bd. II. Darmstadt 1963.

*Fritz,* Wolfgang D. / *Müller-Mertens,* Eckhardt: Die Goldene Bulle. Das Reichsgesetz Karls IV. vom Jahre 1356. Deutsche Übersetzung von Wolfgang D. Fritz. Geschichtliche Würdigung von Eckhardt Müller-Mertens. Weimar 1978.

*Fuchs*, Walther P.: Akten zur Geschichte des Bauernkriegs in Mitteldeutschland. Unter Mitarbeit von Günther Franz, hg. von Walther P. Fuchs. 2 Bde. Nachdruck der Ausgabe Jena 1942. Aalen 1964.

*Hartmann*, Alfred: Die Amerbachkorrespondenz. 6 Bde. Basel 1942 - 1967.

*Junghans*, Helmar: Die Reformation in Augenzeugenberichten. Düsseldorf 1967.

*Kaczerowsky*, Klaus: Flugschriften des Bauernkrieges = Texte deutscher Literatur 1500 - 1800, Bd. 33. Hamburg 1970.

*Kallen*, Gerhard: Nicolai de Cusa. De concordantia catholica. Liber primus. Hamburg 1964. Liber secundus. Liber tertius. Hamburg 1968.

*Koller*, Heinrich: Reformation Kaiser Siegmunds = MGH 500 - 1500, Staatsschriften des späteren Mittelalters, Bd. VI. Stuttgart 1964.

*Luther*, Martin: D. Martin Luthers Werke. Kritische Gesamtausgabe. 58 Bde. Weimar 1883 - 1973.

*Mayer*, Hermann: Die Matrikel der Universität Freiburg i. Br. von 1460 - 1656. 2 Bde. Neudruck der Ausgabe Freiburg 1907 - 1910. Nendeln/Liechtenstein 1976.

*Pölnitz, Frhr. von*, Götz: Die Matrikel der Ludwig-Maximilians-Universität Ingolstadt-Landshut-München. 4 Bde. München 1937 - 1981.

Reichstagsakten, Deutsche: Jüngere Reihe. Hg. durch die Historische Kommission bei der Bayerischen Akademie der Wissenschaften. Bd. I - IV, Gotha 1893 - 1905. Bd. VII, 1. und 2. Halbband, Stuttgart 1935. Nachdruck Göttingen 1963. Bd. VIII, 1. und 2. Halbband, Göttingen 1970 und 1971.

*Senckenberg, von*, Heinrich Chr.: Neue und vollståndigere Sammlung der Reichs-Abschiede. 2 Bde. Neudruck der Ausgabe 1747. Osnabrück 1967.

*Wackernagel*, Hans G.: Die Matrikel der Universität Basel. 5 Bde. Basel 1951 - 1980.

*Zeumer*, Karl: Die Goldene Bulle Karls IV. = Quellen und Studien zur Verfassungsgeschichte des Deutschen Reiches in Mittelalter und Neuzeit, Bd. II. Weimar 1908.

— Quellensammlung zur Geschichte der Deutschen Reichsverfassung in Mittelalter und Neuzeit. Tübingen 1913.

## III. Allgemeine Literatur

*Althaus*, Paul: Luthers Haltung im Bauernkrieg. Basel 1952.

*Andreas*, Willy: Deutschland vor der Reformation. Eine Zeitenwende. Berlin (West) 1972.

*Angermeier*, Heinz: Begriff und Inhalt der Reichsreform, in: ZRG (GA), 75. Bd. (1958), S. 181 - 205.

— Das Reich und der Konziliarismus, in: HZ, 192. Bd. (1961), S. 529 - 583.

*Arnold*, Klaus: „Oberrheinischer Revolutionär“ oder „Elsässischer Anonymus“?, in: AKG, 58. Bd. (1976), S. 410 - 431.

*Aschbach*, Joseph: Geschichte der Grafen von Wertheim von den ältesten Zeiten bis zu ihrem Erlöschen im Mannesstamm im Jahr 1556. Frankfurt a. M. 1843.

*Auer*, Paul: Geschichte der Stadt Günzburg. Günzburg 1963.

*Bader*, Karl S.: Kaiserliche und ständische Reformgedanken in der Reichsreform des endenden 15. Jahrhunderts, in: HJb, 73. Bd. (1954), S. 74 - 94.

*Bärmann*, Johannes: Cusanus und die Reichsreform, in: MFdCG, 4. Bd. (1964), S. 74 - 103.

*Baethgen*, Friedrich: Schisma- und Konzilszeit, Reichsreform und Habsburgs Aufstieg, in: Bruno Gebhardt, Handbuch der deutschen Geschichte, hg. von Herbert Grundmann, Bd. I, S. 607 - 692. Stuttgart 1970.

*Barge*, Hermann: Andreas Bodenstein von Karlstadt. Bd. I. Leipzig 1905.

*Baumgart*, Peter: Formen der Volksfrömmigkeit — Krise der alten Kirche und reformatorische Bewegung. Zur Ursachenproblematik des „Bauernkrieges", in: Peter Blickle (Hg.), Revolte und Revolution in Europa, in: HZ, Beiheft 4 (1975), S. 186 - 204.

*Baumgarten*, Hermann: Geschichte Karls V. Bd. I. Stuttgart 1885.

*Baur*, August: Deutschland in den Jahren 1517 - 1525. Ulm 1872.

*Becker*, Winfried: „Göttliches Wort", „göttliches Recht", „göttliche Gerechtigkeit". Die Politisierung theologischer Begriffe?, in: Peter Blickle (Hg.), Revolte und Revolution in Europa, in: HZ, Beiheft 4 (1975), S. 232 - 263.

*Behrend*, Fritz: Die literarische Form der Flugschriften, in: ZfB, 34. Bd. (1917), S. 23 - 34.

*Below, von*, Georg: Die Reichsreform, in: Julius von Pflugk-Harttung (Hg.), Im Morgenrot der Reformation, S. 119 - 162. Hersfeld 1915.

*Bensen*, Heinrich W.: Geschichte des Bauernkriegs in Ostfranken. Erlangen 1840.

*Bezold, von*, Friedrich: Die Lehre von der Volkssouveränität während des Mittelalters, in: HZ, 36. Bd. (1876), S. 313 - 367.

— Aus Mittelalter und Renaissance. Kulturgeschichtliche Studien. München und Berlin 1918.

*Biedermann*, Johann G.: Geschlechts=Register der Reichs=Frey unmittelbaren Ritterschafft Landes zu Francken, Lôblichen Orts Steigerwald. Nürnberg 1748.

*Bihlmeyer*, Karl / *Tüchle*, Hermann: Kirchengeschichte Bd. III — Die Neuzeit und die neueste Zeit. Paderborn 1969.

*Blaich*, Fritz: Die Reichsmonopolgesetzgebung im Zeitalter Karls V. Ihre ordnungspolitische Problematik = Schriften zum Vergleich von Wirtschaftsordnungen, Heft 8. Stuttgart 1967.

— Die Wirtschaftspolitik des Reichstags im Heiligen Römischen Reich. Ein Beitrag zur Problemgeschichte wirtschaftlichen Gestaltens = Schriften zum Vergleich von Wirtschaftsordnungen, Heft 16. Stuttgart 1970.

*Blickle*, Peter: Thesen zum Thema — Der „Bauernkrieg" als Revolution des „gemeinen Mannes", in: HZ, Beiheft 4 (1975), S. 127 - 131.

— Die Revolution von 1525. München 1981.

*Bohnenstädt*, Elisabeth: Kirche und Reich im Schrifttum des Nikolaus von Cues = Cusanus Studien. Sitzungsberichte der Heidelberger Akademie der Wissenschaften, philosophisch-historische Klasse, Jahrgang 1938/1939, 1. Abhandlung. Heidelberg 1939.

*Borth*, Wilhelm: Die Luthersache (Causa Lutheri) 1517 - 1524. Die Anfänge der Reformation als Frage von Politik und Recht = Historische Studien, Heft 414. Lübeck und Hamburg 1970.

*Bosl*, Karl: Staat, Gesellschaft, Wirtschaft im deutschen Mittelalter, in: Bruno Gebhardt, Handbuch der deutschen Geschichte, hg. von Herbert Grundmann, Bd. I, S. 693 - 839. Stuttgart 1970.

*Brand*, Otto H.: Die Fugger. Geschichte eines deutschen Handelshauses. Jena 1928.

*Brandi*, Karl: Kaiser Karl V. Werden und Schicksal einer Persönlichkeit und eines Weltreiches. München 1964.

— Deutsche Geschichte im Zeitalter der Reformation und Gegenreformation. München 1969.

*Bubenheimer*, Ulrich: Consonantia Theologiae et Jurisprudentia. Andreas Bodenstein von Karlstadt als Theologe und Jurist zwischen Scholastik und Reformation. Tübingen 1977.

*Burdach*, Konrad: Reformation, Renaissance, Humanismus. Zwei Abhandlungen über die Grundlage moderner Bildung und Sprachkunst. Darmstadt 1974.

*Buszello*, Horst: Der deutsche Bauernkrieg von 1525 als politische Bewegung mit besonderer Berücksichtigung der anonymen Flugschrift „An die Versamlung Gemayner Pawerschaft" = Studien zur europäischen Geschichte, Bd. VIII. Berlin (West) 1969.

— Die Staatsvorstellung des „gemeinen Mannes" im deutschen Bauernkrieg, in: Peter Blickle (Hg.), Revolte und Revolution in Europa, in: HZ, Beiheft 4 (1975), S. 273 - 295.

*Conrad*, Hermann: Deutsche Rechtsgeschichte. Bd. I — Frühzeit und Mittelalter. Karlsruhe 1962. Bd. II — Neuzeit bis 1806. Karlsruhe 1966.

*Degler-Spengler*, Brigitte: Das Klarissenkloster Gnadental in Basel 1289 - 1529. Basel 1969.

*Dittrich*, F.: Zur Geschichte der katholischen Reformation im ersten Drittel des 16. Jahrhunderts, in: HJb, 5. Bd. (1884), S. 319 - 398.

*Döllinger, von*, Johann J.: Die Reformation, ihre innere Entwicklung und ihre Wirkungen im Umfange des Lutherischen Bekenntnisses. Bd. I. Regensburg 1846.

*Dohna, Graf zu*, Lothar: Reformatio Sigismundi. Beiträge zum Verständnis einer Reformschrift des fünfzehnten Jahrhunderts = Veröffentlichungen des Max-Planck-Instituts für Geschichte, Band IV. Göttingen 1960.

*Doren*, Alfred: Zur Reformatio Sigismundi, in: HVj, 21. Bd. (1922/23), S. 1 - 59.

*Ebers*, Godehard J.: Grundriß des Katholischen Kirchenrechts. Rechtsgeschichte und System. Wien 1950.

*Eckstein*, Otto: Die Reformschrift des sog. Oberrheinischen Revolutionärs. Versuch einer geschichtlichen und politischen Würdigung. Phil. Diss. Leipzig 1939.

*Ehrenberg*, Richard: Das Zeitalter der Fugger. Geldkapital und Creditverkehr im 16. Jahrhundert. Bd. I — Die Geldmächte des 16. Jahrhunderts. Jena 1912.

*Endres*, Rudolf: Zünfte und Unterschichten als Elemente der Instabilität in den Städten, in: Peter Blickle (Hg.), Revolte und Revolution in Europa, in: HZ, Beiheft 4 (1975), S. 151 - 170.

*Engel*, Wilhelm: Spätmittelalterliche Treuebriefe des Wertheimer Klerus, in: ZRG (KA), 77. Bd. (1960), S. 303 - 316.

*Feine*, Hans E.: Reich und Kirche. Ausgewählte Abhandlungen zur deutschen und kirchlichen Rechtsgeschichte, hg. von Friedrich Merzbacher. Aalen 1966.

— Kirchliche Rechtsgeschichte. Die katholische Kirche. Köln 1972.

*Franz*, Günther: Der deutsche Bauernkrieg. Darmstadt 1975.

*Fries*, Lorenz: Die Geschichte des Bauern-Krieges in Ostfranken. Würzburg 1883.

*Fuchs*, Walther P.: Das Zeitalter der Reformation, in: Bruno Gebhardt, Handbuch der deutschen Geschichte, hg. von Herbert Grundmann, Bd. II, S. 1 - 117. Stuttgart 1970.

*Gierke, von*, Otto: Das deutsche Genossenschaftsrecht Bd. III — Die Staats- und Korporationslehre des Alterthums und des Mittelalters und ihre Aufnahme in Deutschland. Berlin 1881.

— Johannes Althusius und die Entwicklung der naturrechtlichen Staatstheorien. Zugleich ein Beitrag zur Geschichte der Rechtssystematik = Untersuchungen zur deutschen Staats- und Rechtsgeschichte, Heft 7. Aalen 1968.

*Götz*, Johann B.: Die Glaubensspaltung im Gebiete der Markgrafschaft Ansbach-Kulmbach in den Jahren 1520 - 1535. Freiburg i. Br. 1907.

*Götze*, Alfred: Urban Rhegius als Satiriker, in: ZdPh, 37. Bd. (1905), S. 66 - 113.

*Goez*, Werner: Translatio Imperii. Ein Beitrag zur Geschichte des Geschichtsdenkens und der politischen Theorien im Mittelalter und in der frühen Neuzeit. Tübingen 1958.

*Gräter*, Carlheinz: Der Bauernkrieg in Franken. Würzburg 1975.

*Grass*, Nikolaus: Cusanus als Rechtshistoriker, Quellenkritiker und Jurist. Skizzen und Fragmente, in: Nikolaus Grass (Hg.), Cusanus Gedächtnisschrift, S. 101 - 210 = Forschungen zur Rechts- und Kulturgeschichte, Bd. III. Innsbruck und München 1970.

*Greiner*, Albert: Die Einführung der Reformation in der Pflege Coburg 1520 - 1555. Coburg 1938.

*Grundmann*, Herbert: Wahlkönigtum, Territorialpolitik und Ostbewegung im 13. und 14. Jahrhundert (1198 - 1378), in: Bruno Gebhardt, Handbuch der deutschen Geschichte, hg. von Herbert Grundmann, Bd. I, S. 426 - 606. Stuttgart 1970.

*Hagen*, Karl: Deutschlands literarische und religiöse Verhältnisse im Reformationszeitalter, Bd. II, Erlangen 1843.

*Hartung*, Fritz: Deutsche Verfassungsgeschichte vom 15. Jahrhundert bis zur Gegenwart. Stuttgart 1969.

*Hartz*, Werner: Die Gesetzgebung des Reichs und der weltlichen Territorien in der Zeit von 1495 bis 1555. Phil. Diss. Marburg 1931.

*Hassinger*, Erich: Das Werden des neuzeitlichen Europas 1300 - 1600. Braunschweig 1959.

*Heckel*, Johannes: Lex charitatis. Eine juristische Untersuchung über das Recht in der Theologie Martin Luthers. Köln 1973.

*Heckel*, Martin: Reformation und Recht. Zum Reformationsjubiläum 1967, in: JuS, 7. Bd. (1967), S. 489 - 496.

*Hillerdal*, Gunnar: Der Mensch unter Gottes Regiment. Der Untertan und das Recht, in: Gunther Wolf (Hg.), Luther und die Obrigkeit = WdF, 85. Bd., S. 22 - 50. Darmstadt 1972.

*Holborn*, Hajo: Ulrich von Hutten. Göttingen 1968.

*Holtzmann*, Walther: Das mittelalterliche Imperium und die werdenden Nationen, in: Veröffentlichungen der Arbeitsgemeinschaft für Forschungen des Landes Nordrhein-Westfalen, Bd. II, S. 6 - 28. Köln und Opladen 1953.

*Hühns*, Erik: Theorie und Praxis in der Reichsreformbewegung des 15. Jahrhunderts, Nikolaus von Cues, die Reformatio Sigismundi und Berthold von Henneberg, in: WZHUB, 1. Bd. (1951/52), S. 17 - 34.

*Hugelmann*, Karl G.: Der Reichsgedanke bei Nikolaus von Kues, in: Karl Larenz (Hg.), Reich und Recht in der deutschen Philosophie, Bd. I, S. 1 - 32. Stuttgart und Berlin 1943.

— Stämme, Nationen und Nationalstaat im Deutschen Mittelalter, Bd. I. Stuttgart 1955.

*Irsigler*, Franz: Die „Kleinen“ in der sogenannten Reformatio Sigismundi, in: JUG, 27. Bd. (1976), S. 248 - 255.

*Jäger*, Karl F.: Mittheilungen zur schwäbischen und fränkischen Reformationsgeschichte nach handschriftlichen Quellen. Stuttgart 1828.

— Andreas Bodenstein von Carlstadt. Ein Beitrag zur Geschichte der Reformationszeit aus Originalquellen gegeben. Stuttgart 1856.

*Jaspers*, Karl: „Nikolaus Cusanus“. München 1964.

*Jedin*, Hubert: Die Päpste und das Konzil in der Politik Karls V., in: Peter Rassow und Fritz Schalk (Hg.), Karl V. Der Kaiser und seine Zeit, S. 104 - 117. Köln und Graz 1960.

*Jordan*, Karl: Investiturstreit und frühe Stauferzeit (1056 - 1197), in: Bruno Gebhardt, Handbuch der deutschen Geschichte, hg. von Herbert Grundmann, Bd. I, S. 322 - 425. Stuttgart 1970.

*Kalkoff*, Paul: Die Depeschen des Nuntius Aleander vom Wormser Reichstag 1521 = Schriften des Vereins für Reformationsgeschichte, Bd. 17. Halle 1886.

— Aleander gegen Luther. Studien zu ungedruckten Aktenstücken aus Aleanders Nachlaß. Leipzig 1908.

— Humanismus und Reformation in Erfurt (1500 - 1530). Halle 1926.

*Kallen,* Gerhard: Nikolaus von Cues als politischer Erzieher. Leipzig 1937.

— Die politische Theorie im philosophischen System des Nikolaus von Cues, in: HZ, 165. Bd. (1942), S. 246 - 277 = Probleme der Rechtsordnung in Geschichte und Theorie, 1965, S. 141 - 171.

*Kampschulte,* F. W.: Die Universität Erfurt in ihrem Verhältnis zu dem Humanismus und der Reformation. Bd. I — Der Humanismus. Trier 1858. Bd. II — Die Reformation. Trier 1860.

*Kaps,* Johannes: Das Testamentsrecht der Weltgeistlichen und Ordenspersonen in Rechtsgeschichte, Kirchenrecht und Bürgerlichem Recht Deutschlands, Österreichs und der Schweiz. Neuötting am Inn 1958.

*Kern,* Fritz: Recht und Verfassung im Mittelalter. Darmstadt 1958.

*Kern,* Rolf: Die Beteiligung Georgs II. von Wertheim und seiner Grafschaft am Bauernkrieg, in: ZGORh, 55. Bd. (1901), S. 81 - 130, 388 - 421, 579 - 611.

*Kessel,* Eberhard: Luther vor dem Reichtag in Worms 1521, in: Festgabe für Paul Kirn, S. 172 - 190. Berlin (West) 1961.

*Kobe,* Fritz: Die Reformation in der Grafschaft Wertheim. Wertheim 1924.

*Köhler,* Walther: Die Quellen zu Luthers Schrift „An den christlichen Adel deutscher Nation". Ein Beitrag zum Verständnis dieser Schrift Luthers. Phil. Diss. Heidelberg 1895.

— Die deutsche Kaiseridee am Anfang des 16. Jahrhunderts, in: HZ, 149. Bd. (1934), S. 35 - 56.

*Kohls,* Ernst-Wilhelm: Evangelische Bewegung und Kirchenordnung in oberdeutschen Reichsstädten, in: ZRG (KA), 84. Bd. (1967), S. 110 - 134.

*Kolde,* Theodor: D. Johann Teuschlein und der erste Reformationsversuch in Rothenburg o. d. T. Erlangen und Leipzig 1901.

*Koller,* Heinrich: Eine neue Fassung der Reformatio Sigismundi, in: MIÖG, 60. Bd. (1952), S. 143 - 154.

— Kaiserliche Politik und die Reformpläne des 15. Jahrhunderts, in: Festschrift für Hermann Heimpel zum 70. Geburtstag, Bd. II, S. 61 - 79 = Veröffentlichungen des Max-Planck-Instituts für Geschichte, Bd. 36/II. Göttingen 1972.

*Krause,* Hermann: Dauer und Vergänglichkeit im mittelalterlichen Recht, in: ZRG (GA), 75. Bd. (1958), S. 206 - 251.

*Laube,* Adolf: Die Volksbewegung in Deutschland von 1470 bis 1517. Ursachen und Charakter, in: Peter Blickle (Hg.), Revolte und Revolution in Europa, in: HZ, Beiheft 4 (1975), S. 84 - 98.

*Laufs,* Adolf: Der Schwäbische Kreis. Studien über Einigungswesen und Reichsverfassung im deutschen Südwesten zu Beginn der Neuzeit = Untersuchungen zur deutschen Staats- und Rechtsgeschichte, Bd. 16 (NF). Aalen 1971.

— Rechtsentwicklungen in Deutschland. Ein rechtsgeschichtliches Arbeitsbuch. Berlin (West) 1978.

*Legge*, Theodor: Flug- und Streitschriften der Reformationszeit in Westfalen (1523 - 1583) = Reformationsgeschichtliche Studien und Texte, Heft 58/59. Münster 1933.

*Lortz*, Joseph: Die Reformation in Deutschland, 2 Bde. Freiburg 1982.

*Mayer*, Theodor: Papsttum und Kaisertum im hohen Mittelalter, in: HZ, 187. Bd. (1959), S. 1 - 53.

*Merzbacher*, Friedrich: Wandlungen des Kirchenbegriffs im Spätmittelalter. Grundzüge der Ekklesiologie des ausgehenden 13., des 14. und 15. Jahrhunderts, in: ZRG (KA), 70. Bd. (1953), S. 274 - 361.

*Mitteis / Lieberich:* Deutsche Rechtsgeschichte. Begründet von Heinrich Mitteis, neubearbeitet von Heinz Lieberich. München 1978.

— Deutsches Privatrecht. Begründet von Heinrich Mitteis, neubearbeitet von Heinz Lieberich. München 1981.

*Moeller*, Bernd: Die Kirche in den evangelischen freien Städten Oberdeutschlands im Zeitalter der Reformation, in: ZGORh, 112. Bd. (1964), S. 147 - 162.

— Kleriker als Bürger, in: Festschrift für Hermann Heimpel zum 70. Geburtstag, Bd. II, S. 195 - 224 = Veröffentlichungen des Max-Planck-Instituts für Geschichte, Bd. 36/II. Göttingen 1972.

*Mörsdorf*, Klaus: Lehrbuch des Kirchenrechts auf Grund des Codex Juris Canonici. Bd. I. München 1964.

*Mommsen*, Wilhelm: Zur Bedeutung des Reichsgedankens, in: HZ, 174. Bd. (1952), S. 385 - 415.

*Müller*, Karl: Luther und Karlstadt. Stücke aus ihrem gegenseitigen Verhältnis. Tübingen 1907.

*Neu*, Heinrich: Geschichte der evangelischen Kirche in der Grafschaft Wertheim. Heidelberg 1903.

*Niemann*, Gottfried: Die Dialogliteratur der Reformationszeit nach ihrer Entstehung und Entwicklung. Eine literaturhistorische Studie. Phil. Diss. Leipzig 1905.

*Oechsle*, Ferdinand F.: Beiträge zur Geschichte des Bauernkrieges in den schwäbisch-fränkischen Grenzlanden. Heilbronn 1830.

*Pastor, Frhr. von*, Ludwig: Geschichte der Päpste seit dem Ausgang des Mittelalters. Bd. I, Freiburg 1926.

*Pernthaler*, Peter: Die Repräsentationslehre im Staatsdenken der Concordantia Catholica, in: Nikolaus Grass (Hg.), Cusanus Gedächtnisschrift, S. 45 - 99 = Forschungen zur Rechts- und Kulturgeschichte, Bd. III. Innsbruck und München 1970.

*Planitz*, Hans: Deutsche Rechtsgeschichte, bearbeitet von Karl A. Eckhardt. Graz und Köln 1971.

*Plöchl*, Willibald M.: Geschichte des Kirchenrechts, Bd. II — Das Kirchenrecht der abendländischen Christenheit 1055 bis 1517. Wien und München 1962.

*Pölnitz, Frhr. von*, Götz: Die Fugger. Frankfurt 1959.

*Posch*, Andreas: Die „Concordantia catholica“ des Nikolaus v. Cusa = Veröffentlichungen der Sektion für Rechts- und Staatswissenschaft der Görres-Gesellschaft, Heft 54 (1930).

*Ranke, von,* Leopold: Deutsche Geschichte im Zeitalter der Reformation. Bd. II. München 1925.

*Reibstein,* Ernst: Volkssouveränität und Freiheitsrechte. Texte und Studien zur politischen Theorie des 14. - 18. Jahrhunderts, hg. von Claudieter Schott. Bd. I. Freiburg und München 1972.

*Ritter,* Gerhard: Die Weltwirkung der Reformation. München 1959.

*Ritter,* Susanne: Die kirchenkritische Tendenz in den deutschsprachigen Flugschriften der frühen Reformationszeit. Phil. Diss. Tübingen 1970.

*Rössler,* Hellmuth: Europa im Zeitalter von Renaissance, Reformation und Gegenreformation 1450 - 1650 = Weltgeschichte in Einzeldarstellungen, Bd. IV. München 1956.

*Schmidt,* Irmgard: Das göttliche Recht und seine Bedeutung im deutschen Bauernkrieg. Phil. Diss. Jena 1939.

*Schmidt,* Kurt D.: Luthers Staatsauffassung, in: Gunther Wolf (Hg.), Luther und die Obrigkeit = WdF, 85. Bd., S. 181 - 195. Darmstadt 1972.

*Schubert,* Friedrich H.: Die deutschen Reichstage in der Staatslehre der frühen Neuzeit = Schriftenreihe der Historischen Kommission bei der Bayerischen Akademie der Wissenschaften, Schrift 7. Göttingen 1966.

*Schubert, von,* Hans: Der Kampf des geistlichen und weltlichen Rechts = Sitzungsberichte der Heidelberger Akademie der Wissenschaften, philosophisch-historische Klasse, Jahrgang 1926/1927, 2. Abhandlung. Heidelberg 1927.

— Revolution und Reformation im 16. Jahrhundert = Sammlung gemeinverständlicher Vorträge und Schriften aus dem Gebiet der Theologie und Religionsgeschichte, Heft 128. Tübingen 1927.

*Schwöbel,* Hermann O.: Der diplomatische Kampf zwischen Ludwig dem Bayern und der römischen Kurie im Rahmen des kanonischen Absolutionsprozesses 1330 - 1346 = Quellen und Studien zur Verfassungsgeschichte des Deutschen Reiches in Mittelalter und Neuzeit, Bd. X. Weimar 1968.

*Seibt,* Ferdinand: Utopica. Modelle totaler Sozialplanung. Düsseldorf 1972.

*Siebmacher,* J.: Siebmacher's grosses und allgemeines Wappenbuch. Der abgestorbene Adel Bayerns. Bd. II. Nürnberg 1899.

*Sigrist,* Hans: Reichsreform und Schwabenkrieg. Ein Beitrag zur Geschichte der Entwicklung des Gegensatzes zwischen der Eidgenossenschaft und dem Reich, in: SchwBAG, 5. Bd. (1947), S. 114 - 141.

*Simon,* Matthias: Zur Reformationsgeschichte der Grafschaft Wertheim, in: ZbKG, 29. Bd. (1960), S. 121 - 144.

— Zur Geschichte der Kirchenbücher. Das Konfitentenregister Eberlins von Günzburg 1531 als Kommunikantenbuch, in: ZbKG, 36. Bd. (1967), S. 99 - 105.

*Sprandel,* Rolf: Über das Problem neuen Rechts im frühen Mittelalter, in: ZRG (KA), 79. Bd. (1962), S. 117 - 137.

*Stahleder,* Helmuth: Arbeit in der mittelalterlichen Gesellschaft = Miscellanea Bavarica Monacensia, Heft 42. München 1972.

*Stadelmann*, Rudolf: Das Zeitalter der Reformation, bearbeitet von Eberhard Naujoks, in: Leo Just (Hg.), Handbuch der Deutschen Geschichte, Bd. II, S. 1 - 132. Konstanz 1956.

*Stein*, Albert: Martin Luthers Meinungen über die Juristen, in: ZRG (KA), 85. Bd. (1968), S. 362 - 375.

*Stein*, Friedrich: Geschichte Frankens. Bd. II — Die neue Zeit. Schweinfurt 1886.

*Steinen, von den*, Wolfram: Der Kosmos des Mittelalters. Von Karl dem Großen zu Bernhard von Clairvaux. München 1959.

*Störmann*, Anton: Die städtischen Gravamina gegen den Klerus am Ausgange des Mittelalters und in der Reformationszeit = Reformationsgeschichtliche Studien und Texte, Heft 24 - 26. Münster 1916.

*Stolze*, Wilhelm: Bauernkrieg und Reformation = Schriftenreihe des Vereins für Reformationsgeschichte, 44. Bd., Heft 2. Leipzig 1926.

*Struve*, Tilmann: Utopie und gesellschaftliche Wirklichkeit. Zur Bedeutung des Friedenskaisers im späten Mittelalter, in: HZ, 225. Bd. (1977), S. 65 - 95.

— Reform oder Revolution? Das Ringen um eine Neuordnung in Reich und Kirche im Lichte der „Reformatio Sigismundi" und ihrer Überlieferung, in: ZGORh, 126. Bd. (1978), S. 73 - 129.

*Tellenbach*, Gerd: Irdischer Stand und Heilserwartung im Denken des Mittelalters, in: Festschrift für Hermann Heimpel zum 70. Geburtstag, Bd. II, S. 1 - 16 = Veröffentlichungen des Max-Planck-Instituts für Geschichte, Bd. 36/II. Göttingen 1972.

*Trusen*, Winfried: Zum Rentenkauf im Spätmittelalter, in: Festschrift für Hermann Heimpel zum 70. Geburtstag, Bd. II, S. 140 - 158 = Veröffentlichungen des Max-Planck-Instituts für Geschichte, Bd. 36/II. Göttingen 1972.

*Vierordt*, Karl F.: Geschichte der evangelischen Kirche in dem Großherzogtum Baden. Bd. I. Karlsruhe 1847.

*Wackernagel*, Rudolf: Geschichte der Stadt Basel. Bd. III. Basel 1924.

— Humanismus und Reformation in Basel. Basel 1924.

*Walser*, Fritz: Die politische Entwicklung Ulrichs von Hutten während der Entscheidungsjahre der Reformation = HZ, Beiheft 14. München und Berlin 1928.

*Walther*, Helmut G.: Imperiales Königtum, Konziliarismus und Volkssouveränität. Studien zu den Grenzen des mittelalterlichen Souveränitätsgedankens. München 1976.

*Wecken*, Friedrich: Die Lebensbeschreibung des Abts Clemens Leusser von Bronnbach, in: ARG, 8. Bd. (1910/1911), S. 246 - 322.

*Werner*, Heinrich: Landesherrliche Kirchenpolitik bis zur Reformation, in: DGBl., 9. Bd. (1908), S. 143 - 160.

*Weymar*, Ernst: Martin Luther: Obrigkeit, Gehorsam und Widerstand, in: Gunther Wolf (Hg.), Luther und die Obrigkeit = WdF, 85. Bd. S. 303 - 334. Darmstadt 1972.

*Wiesflecker*, Hermann: Maximilian I. und die Wormser Reichsreform von 1495, in: ZHVSt, 49. Bd. (1958), S. 3 - 66.

*Wohlfeil*, Rainer: Der Wormser Reichstag von 1521, in: Fritz Reuter (Hg.), Der Reichstag zu Worms von 1521. Reichspolitik und Luthersache, S. 59 - 154. Worms 1971.

*Wolf*, Erik: Idee und Wirklichkeit des Reiches im deutschen Rechtsdenken des 16. und 17. Jahrhunderts, in: Karl Larenz (Hg.), Reich und Recht in der deutschen Philosophie, Bd. I, S. 33 - 168. Stuttgart und Berlin 1943.

— Johann Freiherr von Schwarzenberg, in: Erik Wolf (Hg.), Große Rechtsdenker der deutschen Geistesgeschichte, S. 102 - 137. Tübingen 1963.

*Wolzendorff*, Kurt: Staatsrecht und Naturrecht in der Lehre vom Widerstandsrecht des Volkes gegen rechtswidrige Ausübung der Staatsgewalt = Untersuchungen zur Deutschen Staats- und Rechtsgeschichte, Heft 126. Breslau 1916.

Kolibri 360 GmbH
Ferdinand-Jühlke-Straße 7
99095 Erfurt, Deutschland
produktsicherheit@kolibri360.de

Druck:
CPI Druckdienstleistungen GmbH
im Auftrag der
Kolibri 360 GmbH
Ferdinand-Jühlke-Str. 7
99095 Erfurt